傳統太極拳與生命健康

黄克刚 著

武汉大学出版社
WUHAN UNIVERSITY PRESS

图书在版编目(CIP)数据

传统太极拳与生命健康/黄克刚著．—武汉：武汉大学出版社，2021.5
ISBN 978-7-307-22128-4

Ⅰ.传…　Ⅱ.黄…　Ⅲ. 太极拳—养生(中医)—研究　Ⅳ.①G852.11
②R212

中国版本图书馆 CIP 数据核字(2021)第 018244 号

责任编辑：林　莉　喻　叶　　　责任校对：汪欣怡　　　整体设计：韩闻锦

出版发行：**武汉大学出版社**　(430072　武昌　珞珈山)
(电子邮箱：cbs22@ whu.edu.cn 网址：www.wdp.com.cn)
印刷：武汉市宏达盛印务有限公司
开本：720×1000　1/16　印张：10.5　字数：186 千字　插页：2
版次：2021 年 5 月第 1 版　　2021 年 5 月第 1 次印刷
ISBN 978-7-307-22128-4　　定价：39.00 元

太极拳好

邓小平

一九七八年十一月十六日

向历代圣贤、祖师大德们致敬，

感恩他们为后世子孙创造了无穷的生命智慧！

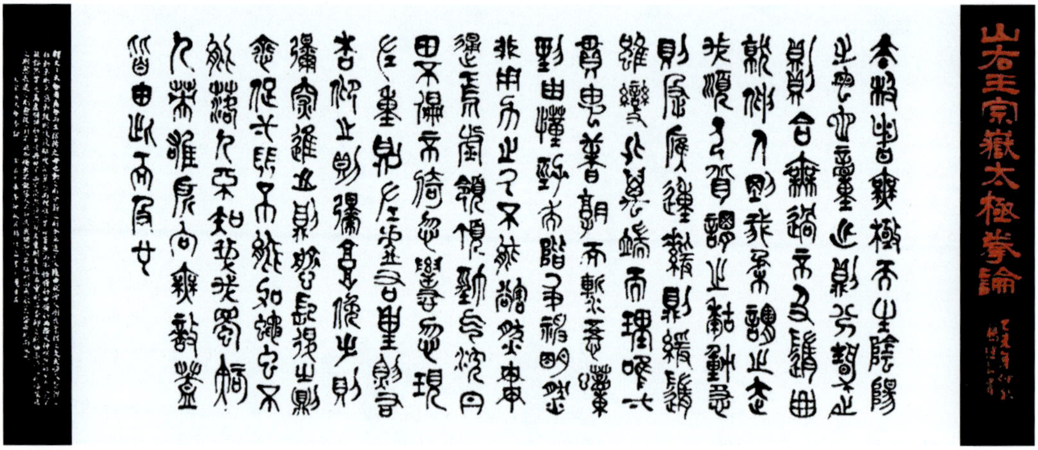
山右王宗嶽太極拳論

序　一

阴阳哲学思想概论了宇宙间一切事物发展的统一规律，传统太极拳便是在阴阳哲学思想影响下的一项运动，是历代先贤将太极思想与武术体系合而为一的智慧结晶。先祖陈王廷观河图天地阴阳之象，类日月运行之理，创传统陈氏太极拳术以武绎道，通过系统规范的肢体运动语言来诠释太极思想的智慧，平衡身心，颐养生命。

在冷兵器时代，传统太极拳有技击防身保家卫国的作用。如今和平时期，传统太极拳又承载了修身养性与健康养生之使命，更加被大众所认同和喜爱。

诸多疾病与人的起居和情绪有很大关联，食饮无节、起居无常以及负面的情绪影响了人体气血顺畅运行，气机紊乱，则生疾患。我在多年前就总结先祖太极武学所宗，得出了“一个运动体系，三种运动形式”的太极武学理论，即通过丹田前后（上下）、左右、前后左右旋转形成以丹田为核心一动全动、节节贯穿、一气贯通的运动体系。身体各个系统及部位都积极地参与人体气血的运行。通过传统太极拳对人体气血的导引和增强，更好地贯通了人体经络脏腑及四肢百骸，继而骨正筋柔、气血合流，从而免除疾患之忧。

“一个运动体系，三种运动形式”为太极拳练习者和研究者提供了一个全新的认知方向，让全世界的人们了解到传统太极拳是一项极为科学的健康运动。为了对广大太极拳爱好者进行科学地训练指导，我著书《世传太极拳》，发表《拳学阐微》等多篇论文，在《太极拳十大要论》中的第一要论就是“要把太极拳由神秘走向科学化”。三十年的海外传播影响力，使我获得了首届“中华之光——传播中华文化年度十大杰出人物”的荣誉。

传统太极拳始终注重心性的修炼，始于修外、终于内守，立身中正、刚柔并济。从缩小肢体的运动误差逐渐走向心性修炼，平衡身形和思想，身心不二，方为太极。

武汉突发新型冠状病毒导致的肺炎疫情之际，我根据传统陈氏太极拳的养生原理，公益创编了《益肺功》，目的是让大家通过简单易学的太极拳动作，锻炼加强心肺功能，提高免疫力。疫情中受感染者多为年老体弱且免疫力低下之人，若自身的免疫力保持在良好的状态，谅其奈何不得。“太极动而生阳”，传统太极拳正是练就一身天地之正气，可避于疾患之苦，而愉悦身心。

天地大太极，人身小太极，天人合一才是太极拳的最终境界。

为了对后生传承与研究传统太极拳文化工作以资鼓励，特为之一序。

陈小旺

庚子年初春于深圳

（陈小旺，陈氏太极拳第十九世掌门人，国家武术最高段位）

序　二

原本受邀作序，颇有些惶恐，毕竟所学所专者皆医学，太极拳也只会一点基本功，讨论太极拳恐怕有一些遥远。但通读全书之后，感悟颇深，借序与诸君一言。

2020年绕不过去的话题必然是新型冠状病毒肺炎。这场疫情席卷全球，成为无数人挥之不去的梦魇。纵观医学发展史，其实也是一部人类与微生物斗争的血泪史。近两百年来，人类依靠科学，消灭了天花，控制了鼠疫与霍乱，但仍有埃博拉、疟疾、艾滋、SARS、新冠等，不断向人类发起挑战。面对全新的传染性疾病，人类在某种程度上是可以通过改变环境和行为来预防的。作为一名医生，除了建议诸君保持健康的饮食、规律的作息外，我认为更重要的是以科学的运动来提高自身免疫力。

说到科学的运动，针对每个人的不同情况应该有不同的训练方法，这就不能不谈到传统太极拳了。传统太极拳历经传承与创新近四百年，已然形成了一套“科学的教学体系”，其功用也在逐渐被现代生物医学所认识。不可否认西方现代医学对人类的贡献，如先进的医疗设备、精准的各种医学技术，等等，但是，随着医学专业分科越来越细，“头痛医头、脚痛医脚”式的医学现状也越来越被诟病。因此，近年来学者提出了整合医学、时间医学的概念，倡导用“天地人”整体观来审视人类的身心健康。其实，传统太极拳恰恰是一种建立在内求身心融合的个人整体观、外修天人合一的自然整体观基础上，重视身体各部位协调性的有氧运动，是中华优秀文化思想的智慧结晶。目前，传统太极拳运动对心脑血管病、颈腰椎退行性疾病等产生的积极影响已经为大量的医学研究所证实。

一次波及全球的大疫情，让保持健康、适度运动、增强体魄成为绝大多数人关注的重点，而科学的训练会愈来愈多地受到重视。只有科学的训练体系才能保证健康运动的效果，节约大家的时间精力。

传统太极拳这样一种舒缓的运动形式，非常符合大众健身的需求。下到垂髫，上至皓首，都可以找到符合自己的太极拳训练体系；可迎朝日，可照晚霞，太极拳不受时间的约束；在家也行，公园也可以，太极拳对场地的要求也不高；太极拳的“重意不重形”，也会让每个人对其有自己不同的领悟。

传统太极拳不仅是养生健康运动的术，更是修身治世的道，“文武医道”的体系构建让我们更加清晰地认知传统太极拳的本来面目。

只要你喜欢太极拳，就能够找到属于自己的太极拳。

只要你能坚持练习太极拳，身心就一定能获得积极的健康。

拙言浅见，皆读好书有感。愿观书诸位，皆能“恬淡虚无，真气从之，精神内守，病安从来”——《素问·上古天真论》。

李志强

2020年3月23日于东湖

（李志强，武汉大学中南医院副院长，博士生导师，神经外科主任）

序　　三

在从医的经历中，那些不是自己治好的病人给我的印象是最深刻的。见过高血压病患者通过十多年养身运动最终停药，见过患溃疡性结肠炎的亲友通过体能锻炼最终获得缓解，见过非霍奇金淋巴瘤的艺术家患者拒绝任何治疗，醉心于舞蹈而完全康复……在中医行业里，常常有人说，针灸出奇迹，而作为一名针灸医生，我却经常和病人讲“运动出奇迹”。

在我眼中，出于健康目的的锻炼方式，最好的莫过于中国传统武术了，就在我找寻武术教师的时候，幸运地结识了黄克刚先生。我们相识也算是缘之所致，天时、地利、人和都具备了。彼时我在从事医养结合工作，传统武术带教是每日必行，而黄先生正在传播传统太极养身的路上，也在接触针灸，我们不约而同地看到了武汉地区健康产业的蓬勃生机而选择在此发展，又非常荣幸地得到了好友喻刚先生的引见。与黄先生相识后，见证了更多通过锻炼而痊愈的人，也让我对医武结合来养生保健的信心更加坚定，理解也更加深刻。

传统太极拳的养生保健作用与中医的核心思想“治未病”理论之间有许多相通之处。传统太极拳对于调整体质偏颇、改善机体机能、提升抗病能力和促进机能恢复的效果是有目共睹的。从中医理论来分析，这种效果除了对脏腑、筋骨、气血方面的锻炼以外，与一般体育锻炼还有着非常明显的区别——传统太极拳能“治神”。中医理论认为，神有狭义之神和广义之神的区别。狭义之神指“心神”，可以理解为人的精神、意识、思维活动；广义之神是整个人体生命活动的外在表现，诸如人的形象、面色、眼神、言语、行为、反应、活动等各个方面。“心神”在人体神志活动中占有主导地位，在生理和病理上可以影响其他脏腑乃至全身的机能；反之，对“心神”的良性调整也能促进全身脏腑和器官的机能恢复。中医治病，治神既是目的，也是方法。传统太极拳锻炼时，要求精神专注，能通过对心神的调整而影响全身，使形体、呼吸、动作等各方面随之调整，达到高度和谐的平衡状态。这种以神为主导，将神、气、形有机结合起来的方式，和中医养身理论是完全契合的。

中医“治未病”理论包含有未病先防、已病防变和病已防复三重含义，传统太极拳的“治未病”作用也反映在这些方面，其中，在未病先防方面，传统太极拳锻炼还有其独到之处，同样也是与“治神”密切相关。中医未病先防主要是做好两个方面的工作：一是调养身体，提高正气抗邪能力，方法包括调摄精神、提升体质、起居有常和主动干预等；二是防范病邪的侵害，方法包括讲究卫生、防止污染、避开恶劣气候和疫疠之气等。长期坚持传统太极拳锻炼的人，生活起居习惯良好，正气旺盛，相对来说不容易生病，而在防范病邪侵害方面，他们更是具备极大的优势，这种优势表现在“神”的敏感性上。因为长期集中注意力锻炼，修习传统太极拳的人能够敏锐地捕捉到一些非常细微的变化，能更早更快地感受到危险因素的来临。中医在防病上有个非常重要的思想，就是“虚邪贼风，避之有时”，在流行病盛行的地域或者时间，修习传统太极拳的人会更早的主动避开病邪，从而防止自己染病。

传统太极拳锻炼与中医传统保健理论研究的结合，将会挖掘出更加深刻的内涵，随着黄克刚先生实践的积累，传统太极拳也会产生更加深远的影响。读完黄先生《传统太极拳与生命健康》一书，尤其是他提出传统太极拳“文、武、医、道”的体系构建，我受益匪浅，相信读者们也能从中找到不少关于传统武术运动与人体身心健康问题的答案。

瞿　涛

庚子年春于黄家湖

（瞿涛，湖北中医药大学针灸骨伤推拿学院针灸学术带头人，博士）

序　　四

古中国文明是世界四大文明之一，也是迄今为止唯一一个没有中断的世界文明，古中国文明诞生至今已万年余。在古中国文明的长河中诞生了诸多璀璨的人类文化思想，如干支、太极、阴阳、八卦、五行以及中医学、天人合一等伟大的东方思想智慧。

这些思想深深地影响着整个东方文明的发展和变化，也影响了世界文明的发展和变化。

中国武术也是诞生在古中国文明中无比灿烂的一块瑰宝。

作为中国特色的武术——太极拳是以修身养心、强身健体为主要用途的一项内家拳武术体系，重在强筋壮骨、修养德行，其理论构成博大精深、结构严谨，且用途广泛。

传统太极拳是一项很科学的运动。太极拳运动时身体的肢体几何力学结构非常科学，总是能使人体身躯和四肢进行极巧妙的结构组合，将全身的力量聚合在一起。以最小的身体能量消耗来带动全身的新陈代谢和气血循环，从而使身体获得更有效、有益的生命活动。

传统太极拳是一项具有医学价值的运动。太极拳中的阴阳思想和中医学理论是其核心基础，将大量的阴阳、经络、气血等中医基础知识纳入拳理之中，使太极拳具有医学健康的积极价值。

鉴于传统太极拳对人体身心健康带来的积极影响，出于想让更多的人受益于中国传统太极拳的目的，我积极努力地组建了韩国首尔陈小旺陈氏太极拳协会，每年都会带领协会的一些核心成员来陈家沟进行交流学习。

黄克刚先生提出传统太极拳“文、武、医、道”的体系构建，为中外太极拳爱好者及研究者提供了一个立体完备的认知框架。这个体系构建对进一步完善传统太极拳并充分挖掘传统太极拳对于人体生命健康的积极价值具有非凡的意义。

近日黄先生联系我为其新书写序，我既高兴又不安。中国的传统太极拳博大精深，我虽然已经在韩国进行了多年的传统太极拳推广，但是依然对传统太极拳的思想体系感到敬畏。中国的传统太极拳是一项文化拳、哲理拳，还有丰富的医学理论，像黄先生这样严谨治学、潜心研究传统太极拳的人才能真正读懂传统太极拳。

感谢中国的太极拳！

期待本书的出版！

权建佑

2020 年 2 月于韩国首尔

（权建佑，韩国首尔人，成均馆大学 MIS 管理信息博士，韩国成均馆大学及汉阳大学兼职教授。韩国首尔陈小旺陈氏太极拳协会会长兼董事，韩国三星集团 SDS 项目负责人，WeDataLab 株式会社董事代表。）

前　言

一

毛主席在1917年4月1日《新青年》第三卷第二号以“二十八画生”的笔名发表了《体育之研究》一文，其中第一章“释体育”中说道：“体育者，人类自其养生之道，使身体平均发达，而有规则次序之可言者也。”如今太极拳作为我们日常生活中的一项时尚健康运动，已受到越来越多人的青睐，而其练习的意义不仅仅是在追求个人的身心愉悦和家庭幸福，更重要还在于对整个社会的进步和发展作出的贡献。

1978年11月，日本众议院副院长三宅正一任团长率众来华访问，时任国务院副总理的邓小平同志在北京前门烤鸭店欢迎日本嘉宾。席间，三宅正一谈到他正在学习中国的太极拳，小平同志兴趣盎然地介绍了太极拳的优点，三宅正一感叹小平同志对太极拳有着深厚的造诣，即请求小平同志为日本太极拳爱好者题词留念，小平同志欣然同意，第二天就挥毫写下“太极拳好”赠予日本友人。

2004年9月19日，在中共中央第十六届中央委员会第四次全体会议上正式提出了“构建社会主义和谐社会”的概念。

2005年2月中央举办的省部级主要官员“提高构建社会主义和谐社会能力专题研讨班”在中央党校开班，中共中央总书记胡锦涛同志指出：构建和谐社会，是我们党从全面建设小康社会、开创中国特色社会主义事业新局面的全局出发提出的一项重大任务，适应了中国改革发展进入关键时期的客观要求，体现了广大人民群众的根本利益和共同愿望。

“民主法治、公平正义、诚信友爱、充满活力、安定有序、人与自然和谐相处”是和谐社会的主要内容。和谐社会的含义包括五个方面：一是个人自身的和谐；二是人与人之间的和谐；三是社会各系统、各阶层之间的和谐；四是个人、社会与自然之间的和谐；五是整个国家与外部世界的和谐。在新的历史时期，承接和弘扬中国自古所崇尚的和为贵、和谐为美的和谐社会理想，建设各阶层人民和睦相处、和谐共治的和谐社会，正是社会主义精神文明建设所追求的目标。从自身的和谐到整个世界的和谐，也是我们国家提出“全球命运共同体”建设口号的宗旨之一。

太极拳的核心思想就是自然、和谐。

太极拳在中国古典哲学思想的指导下，处处讲究“中”与“和”。“内三合”“外三合”到“天、地、人”大三合是太极拳术的最高武学境界，无一不在体现和谐的整体概念。

从“无过不及”“不偏不倚”周身合一的太极拳术练习，到身心在中正状态下的生理健康和谐，再到与人相处、与社会共进的和谐相处的品德修养。自我和谐则家庭和谐，最后整个社会秩序的和谐，这是我们每一个中国人顺应历史发展潮流所向往的奋斗目标。

太极拳练习的不仅仅是周身相随的“和谐”拳术，更是高尚的道德修养。日月更替，寒来暑往，春生、夏长、秋收、冬藏，每一次与时偕行的练习，都要做到形与神俱，知行合一，法天地自然之道，从而促进身心健康、社会和谐。

自党的十八大以来，我们国家以全方位的开创性成就和深层次的根本性变革为现实根据，实现了中国民族历史性的飞跃。

2017 年 10 月 18 日，中国共产党第十九次全国代表大会在北京开幕。十九大报告提出了中国发展新的历史方位——中国特色社会主义新时代。

习近平总书记阐释到，从民族复兴的角度来看，进入新时代意味着近代以来久经磨难的中华民族迎来了从站起来、富起来到强起来的伟大飞跃，迎来了实现中华民族伟大复兴的光明前景。

习近平总书记在十九大报告中提出了“实施健康中国战略”并指出：人民健康是民族昌盛和国家富强的重要标志。

2008 年奥运会以后，我们国家就正式进入了全民健身时代。2011 年 10 月 27 日，中央国家机关太极拳协会成立大会在全国政协礼堂举行。国务院办公厅、外交部、国家发改委等 78 个部委局办的工会负责人和太极拳爱好者共 1000 余人出席了成立大会。作为中国传统文化中文和武的代表——太极拳，近年来一直被政府推广，并把其对于“治未病”的意义归纳到“全民健身计划”的体系中。

在“一带一路”的全球建设道路上，太极拳始终作为代表具有中国新时代特色的一张文化名片在同全世界进行文化的沟通、融合。受到中国文化传播的影响，西方国家一些医疗机构已经开始用科学的方法研究和肯定了太极拳有益于人体的一些奥秘，并进行大力推广，如全美第一的医疗机构——梅奥诊所。欧美和日本的“代替医疗协会”在十年前就已经开始把太极拳作为最常用项目纳入进去。

太极拳之于人体健康的积极价值，使其在国家的《全民健身计划2016—2020》以及《健康中国“2030”规划纲要》《中医药健康服务发展规划2015—2020年》等一系列国家在健康、健身的全民大健康项目中发挥至关重要的作用。特别是其“治未病”以及康复领域有着不可替代的积极作用，这正是海内外医疗界推崇备至的，也是他们一直在积极推广的康复运动项目。

二

中华人民共和国历经了40年改革开放后的经济快速发展，人们已经具备了享受日常休闲消费的经济能力。“天下兴亡，匹夫有责”，民族的复兴和富强与我们每一个国人的贡献都分不开。只有我们每一个人保持着积极健康的身心，才能“撸起袖子加油干”，全民努力共建一个和谐、健康的中国特色社会主义新时代。

如今的日常健身活动已经不仅仅只是在几个社区广场的健身器材上“转一转”“晃一晃”“摆一摆”了，大家趋向于选择更有效的运动健康方式。太极拳此时就成为了男女老少非常热门的一项时尚健身运动。

太极拳历经自改革开放后近40年的推广传播，已经进入了科学化的发展之路。陈氏第十九世太极拳掌门人陈小旺老师在其《陈氏太极拳十大要论》（以下简称《要论》）中的第一大要论就提出：要把太极拳转入科学化。而陈小旺老师在西方传播中国太极拳文化过程中也是被人们称为“陈医生”。

陈小旺老师在其《要论》中说道：在过去的太极拳发展进程中，人们对于太极拳的认识都是比较模糊的，觉得太极拳很神秘。陈小旺老师摆脱了套用过去一些传统拳论中玄乎其神、人云亦云的习惯，从具体的技术和内容出发，运用运动学、生理学、中医学、经络学、力学、心理学、哲学等学科的基本知识和理论来解释太极拳，使其通俗易懂。把太极拳转入科学化观点的提出，也为太极拳进行深度科学化研究和挖掘提供了具体方向。

本书就是本人通过对传统太极拳多年的练习、教学和研究，本着严谨认真、全面系统的治学态度，对传统太极拳运动在人体养生健康方面所起到积极作用的一些原由进行阐述，供大家在平日练习时参考，也期望和各路专家进行交流探讨，从而更加全面地完善太极拳的理论体系架构。

传统太极拳所涵盖的理论体系异常庞大，无关乎人体运动健康养生类的知识不在这里阐述。而在这里说到的也只是传统太极拳的一部分而已，其他还有待继续挖掘。有关于传统太极拳的理论体系构成及其应用将会在以后的著述里与大家共同探讨。

本书所参考理论均来自出版社或期刊出版的武术文献、著作以及现行国家高等教育机构所用的教参教材。同时也邀请到了几位国际太极拳友人把他们自身多年对太极拳的养生健康认知表述出来，让国内的太极拳爱好者从不同的角度和视野来了解太极拳的健康奥秘，同时也了解一下外国友人是如何应用我们的太极拳的。

在迈进这个文明的新时代，我们要做一个具有科学素养的公民，科学地认知太极拳，科学地练习太极拳，才会更好地受益于太极拳。

“无太极，不青春!”

作　者

2020 年 8 月

目　录

第一章　太极与生命

“太极”存在于宇宙诞生之前，太极思想在《易经》前早已广为流传，自《周易》将太极思想全面阐述呈现以来，迅速成为中华文明的起源思想之一。太极之阴阳互生而产生万物，是人类生命和社会文明生存和发展的基本规律，即“道”。从太极到太极拳，由道到术，从玄奥无形之秘到肢体语言之显，我们可以用身体来展示人文先哲们的智慧，太极思想无处不在。这里将从玄奥的太极哲学思想体系的“道”到宇宙和生命的生成论及本体论，再到由太极哲学思想创造出来的太极拳，依此来探索太极的秘密世界，认知自然、生命、身体的生存和生长规律。

一、生命起源与意义

（一）

对于生命起源和生命意义的思考，人类从未间断过。

在华夏民族远古的春秋战国时期，也就是德国思想家卡尔·雅斯贝尔斯在《历史的起源与目标》一书中提出的人类文明“轴心时代”，华夏的一些思想家们就提出了他们的宇宙生成论以及本体论。

《周易·系辞》说：“是故《易》有太极，太极生两仪，两仪生四象，四象生八卦……刚柔相摩，八卦相荡……乾道成男，坤道成女。”

在《易经》创始之前，天地是以一种阴阳混沌的时空状态存在的，这个状态取名曰太极。随后太极产生阴、阳二气，阴阳二气在运动中产生少阳、老阳、少阴、老阴四象，四象再衍生出乾、坤、震、巽、坎、离、艮、兑八卦，此八卦又分别象征着天、地、雷、风、水、火、山、泽，而这些卦象是阳刚阴柔二气在相互交感摩切中产生的。八卦其中乾之道化生出阳刚的男性，坤之道则化生为阴柔的女性。

太极则为《易》思想的最高范畴。

《周易·序卦》说："有天地，然后万物生焉。有天地，然后有万物；有万物，然后有男女"。在阴阳二气运动过程中就开始分阴分阳，阳气上升为天，阴气下降为地，天升地降，天覆地载，宇宙天地便产生了。天地阴阳再孕育万物，万物中有男人和女人，天地、万物、男女组成了一个完整的人类生态系统。人类在天地之间，应用万物且不断地创新世界，创造文明。

《系辞》和《序卦》由儒家思想开创者孔子所著，这是儒家思想对天、地、人、万物的认知。

道家思想略有差异，其代表人物老子在其著作《道德经》第二十五章中说："有物混成，先天地生。寂兮寥兮，独立而不改，周行而不殆，可以为天地母。吾不知其名，强字之曰：道，强为之名曰：大。"

接着在第四十二章中说：

"道生一，一生二，二生三，三生万物。万物负阴而抱阳，冲气以为和。"

道家学者认为宇宙天地在未生成之时有一团无限、无象的能量物质，它在天地未产生前就已经存在，且永不休止的循环运行、生生不息，是天地万物起始的根源，人们把这种能量物质取名为"道"，由"道"产生天地混沌未开的状态被称为"太极"。太极这团有能量的物质里面分为两类：阴与阳，当能量物质蓄积到一定的时候，阳气便开始依序"道"的规律运动起来。

太极之阳化气，阴归形。阳气在天化为四时之气，阴气在地归为刚柔之物。地之阳气上升，天之阴气下降，阴阳二气在天地间以各种不同的时间、位置和合，便产生了人和万物。人利用天地的能量和天地之间的万物，创造出更多对人类生存和发展更有积极价值的事物，此之谓"三生万物"。

太极静止未动之时，阴包含着阳，而阳在运动的时候，便是阳包含着阴。阳动阴静，阳动阴随。阴中有阳，阳中有阴，二者既对立又统一，阴阳二气在对立和统一的过程中总在维持一种平衡的和谐状态。

道家在太极之上提出了一个"道"——无极的概念，仿佛是要比儒家学说要更高一个思想高度，但儒道二家在太极思想上还是产生保持着共融。

宋明理学是儒家哲学思想体系的一个分支，受到了佛学和道家思想的影响，宋明理学鼻祖周敦颐先生著《太极图说》说："无极而太极…… 五行之生也，各一其性，无极之真，二五之精，妙合而凝，乾道成男，坤道成女，二气交感，化生万物，万物生生，而变化无穷焉。"《太极图说》的原版则是"自无极而太极"，后人朱熹做了删定："无极而太极"，无极在此作为一个定语来解释。显然，周敦颐先生还是有着师承道家人物陈抟老祖思想学识的影子。

《太极图说》认为是无有穷极一样的太极化生了阴阳、五行。五行水、火、木、金、土各又代表着仁、义、礼、智、信五种各自之理。太极的“无妄”之理和阴阳、五行的“不二”之气混融无间，气聚而凝结成形。阳而健动的大而为天，小则成男为父之道；阴而顺承的大而为地，小则成女为母之道。阴阳二气氤氲交感，产生万物，万物生生不息又变化无穷。人是阴阳二气在交感摩切的运动中产生的万物之一，人所秉受阴阳二气尤为最灵、最秀，且有知、有情、有义，所以人自诩为万物之长。人居天地之间，合天与地称“天地人”三才。

《太极图说》应用“无极”“太极”“阴阳”等概念近乎完整地构建了太极思想体系，用以指导人们对天、地、人的认知，太极思想体系至此趋近成熟。

儒家和道家是诞生于华夏的两大主流学术派系，分别取用了《周易》的太极概念构建了各自的思想体系，以此来阐述天地万物的构成及发展变化。两家都共同认为由太极产生的一团有“理”之气——阴阳，是生命之源、生存之源、变化之源、发展之源。

中国古典哲学思想认为“气”是构成宇宙及天地万物的最基本物质，而运动则是气的存在形式和固有属性。气的胜复作用则是由气的阴阳对立统一过程，也是物质世界运动变化的根源。

受阴阳、精气、干支、五行等思想的指导和原始医事活动实证经验指导下《黄帝内经》于西汉时期编纂成书，《黄帝内经》作为一部指导中医学发展的哲学思想体系，其对天、地、人的构成及变化也以阴阳为主旨做了关联阐述。《黄帝内经》之《素问·宝命全形论》中说“夫人生于地，悬命于天，天地合气，命之曰人。人能应四时者，天地为之父母；知万物者，谓之天子。天有阴阳，人有十二节；天有寒暑，人有虚实。”天地阴阳之气和合产生了人类，天地为人及万物的“父母”；四时为天地阴阳之四种变化，更详细一点划分就为十二节气；十二时节有热有寒，人体内也有虚实之分。《黄帝内经》认为天之气、地之气、人之气之间的有着相互对应关系。

明代张介宾为《黄帝内经》做注成书《类经·藏象类》，进一步诠释道：“人之生也，必合阴阳之气，构父母之精，两精相搏，形神乃成，所谓天地合气，命之曰人也。”中医学思想认为是人的生命是由父阳母阴二气以有形的“精”构成的，“精”也是由阴阳二气中的阴气归形而成。“精”发展出人的形体以后，寄寓在形内的“神”自然呈现出来，“神”主宰并指导着人体的生命活动，形与神俱，“精气神”——完整的生命活动就此展开。

《素问·生气通天论》中说道：“阴平阳秘，精神乃治。阴阳离决，精气乃绝。”平即平衡，秘即固守。人体的阴阳对立统一，互相制约、平衡，“冲气以为和”，维持人体正常的生理活动，而精神充沛，身体健康。

太极创造了世界万物，太极思想指导着万物的和谐发展与变化。

（二）

中国传统文化对于生命的意义有着高尚的指导思想。

武汉大学国学院前院长郭齐勇教授说道：“不读《四书》，不知道做人的尊严，人格的力量，人生的价值与意义。”

《周易》是儒道两家的理论思想之源，儒家取中庸中正之意主张“正心诚意”，道家则仿天地自然之法倡导“清静无为”。

“天命谓之性”，中国古典哲学思想认为是无声无臭的太极创造了我们的生命，赋予生命的涵义。正是“太极”这股至高无上的正气造就我们的生命，我们的生命与生俱来就具有“天之健”“地之厚”这样高尚的德性。“率性之谓道”，顺应太极所赋予我们的德性，以阴阳之道、平衡之术，来成就我们的人生。

儒家思想经典《大学》第一章中说：“自天子以至于庶人，壹是皆以修身为本。身修而后家齐，家齐而后国治，国治而后天下平。”《尚书》曰：“天子作民父母，以为天下王。”王者父天母地，为天之子也。儒家思想主张从“天子”到“庶民”，每一个人都应该不断修习自身的学识和品行，在修身齐家的基础上，以天下苍生谋福祉、为民族谋复兴为己任。以儒家思想道德论为指导，实现自己高尚的人生追求，内圣而外王，成就君子之品、君王之功、圣贤之德。

而在各宗教体系中，最重要的部分是都会对人的终极关怀有所措置——天堂、解脱、永生。但中国文化对人的终极关怀不是在人死后，而是人尚在生时，要求我们在今生今世活着的时候就要成就不朽的生命价值。《左传·襄公二十四年》中说：“豹闻之，大上有立德，其次有立功，其次有立言，虽久不废，此之谓不朽。若夫保姓受氏，以守宗祊，世不绝祀，无国无之，禄之大者，不可谓不朽。”后世便根据叔孙豹之言，以“立德、立功、立言”为人生三不朽。生命的不朽就是我们作为人的终极追求，本本分分、实实在在地构建一个平正、健康的人生观。

在我们每个人的生命过程中，都曾思考过我们从何而来、来为何事、何处以归这样的问题。每个人的生命具有独特性和唯一性，既不可复制，又不能重来。对于每个人来说，生命无疑是最重要的。

在这样一个欣欣向荣的新时代，我们需要思考如何实现自我生命的价值与意义，如何在这一生中拥有愉悦的生命质量，这是我们建立人生观、价值观所要考虑的最基本问题。这仅此一次的生命，我们要好好把握，不虚此行。

前苏联作家尼古拉·奥斯特洛夫斯基所著《钢铁是怎样炼成的》中的主人公保尔柯察金说："人最宝贵的东西是生命，生命对于我们只有一次。一个人的生命应当这样度过：当他回首往事的时候，也不因虚度年华而悔恨，也不因碌碌无为而羞愧……"

生命终将离去，在其终结的时候，若有人感恩、怀念我们，才不枉此生。

二、生命在于运动

（一）

在实现我们各自追求的路上有两个条件必不可少：一是智慧，二是行动力。

智慧用来认知事物、处理问题、把握方向。缺乏智慧也就意味着对事物不能全面正确的认知，很难看清楚事物的真相或本质，同时处理问题也一样不能全面，缺乏创造力。如果方向发生错误，那么越努力，偏错就会越远。

行动力是指我们在实现目标、理想的过程中，需要一个健康壮实的身体和心理，能承受各种坎坷和考验，能披风载雨，有着实的担当力。人生的理想或一个目标不是一天两天就可以实现的，是一个长期的过程，是一个身体力行的过程，所以一个健壮的身心状态是实现理想和目标、产生卓越智慧的必要条件。

天地合气，命之曰人。正是由具有运动特征的"气"造就我们的生命，在生命内在和外在不断进行的生长发育过程中，生、老、病、死都是这个"气"运动的结果。

法国思想家伏尔泰就提出过"生命在于运动"这一哲学格言。人的生命起源于运动，运动是生命诞生的前提条件，没有运动就不会有生命的产生。生命的存在在于运动，运动也是生命存在的基础。

在生命的生长发育过程中，脏腑、筋骨、腠理、气血、皮毛持续不断地生长更新，确保正常的生命体征活动。这个生长发育、新陈代谢的过程是良性有序的正常状态，我们就认为是健康的。如果这个生长发育过程出现偏离或停滞问题的异常状态，我们就认为是有“病”的。

为确保生长发育过程中新陈代谢的一切正常，我们通常会采取一些积极有效的方法。例如，在日常生活中加入一些适宜的健身养生运动来协调、促进生长发育的良性状态，保持身心在每个阶段的正常生长发展水平。

正是因为阴阳二气在运动中产生了人，所以人的内在和外在也是需要不停地运动发展。

《吕氏春秋·尽数》说：“流水不腐，户枢不蠹，动也。形气亦然，形不动则精不流，精不流则气郁。郁处头则为肿为风，处耳则为挶为聋，处目则为䁾为盲，处鼻则为鼽为窒，处腹则为张为府，处足则为痿为蹷。”

流动的水是不会腐臭的，经常转动的门轴是不会被虫蛀的。中国古人很早就知道如果人长期缺乏活动、怠惰肢体，体内的精气就会郁滞；精气郁滞，身体机能都不得有效的新陈代谢，人就会生病。而经常运动精气的人，才能葆有青春旺盛的活力，生命力才能持久。

道家在追求长生久视、天人合一的时候创造出一系列的“导引吐纳”运动。陈寿《三国志·魏书·华佗传》记述了华佗的养生医学理论：“人体欲得劳动，但不当使极尔。动摇则谷气得消，血脉流通，病不得生。譬如户枢，终不朽也。”

《后汉书·方术列传·华佗传》记载：“吾有一术，名五禽之戏：一曰虎，二曰鹿，三曰熊，四曰猿，五曰鸟。亦以除疾，兼利蹄足，以当导引。体有不快，起作一禽之戏，怡而汗出，因以著粉，身体轻便而欲食。普施行之，年九十余，耳目聪明，齿牙完坚。”

华佗创编的“五禽戏”，可以说是人类第一部仿生学健康养生运动体系。现代医学研究证明，作为一种养生导引运动，华佗五禽戏不仅使人体的筋骨和关节得以舒展、强壮，而且有益于提高肝、心、脾、肺、肾等诸脏腑的功能，促进组织器官的正常发育和代谢。

上古时期的人就已经知道适当的运动有益身心健康，古时擅长这类运动的大多数是道家人士。

中国远古时期的道家，从文字的记载来看，黄帝时期就已经有了他们的一些活动印迹。英国学者李约瑟（著《中国科学技术史》）明确指出：“在世界文化当中，唯独中国人的养生文化是其他民族所没有的。”

养生运动就是主动积极地进行健康管理，使人持主动获得持续的健康能力。有些疾病，特别是慢性病，只有坚持后续的康复运动，才能使身体逐渐恢复到正常状态。运动在身体康复时期尤为重要，运动康复带来的效果也是任何药物不能代替的，这一点尤其值得我们重视。太极拳、五禽戏、八段锦、易筋经等传统的健康养生运动就是首选运动项目，这些舒缓的传统养生运动正在风靡欧美、日本。

养生运动“动而生阳”。按照中医学的一些观点，大部分疾病是因为人体的阳气受损，导致阴阳不平衡，或是阳气虚弱导致的气血虚弱、滞凝而产生的。如果通过一些适当的运动方式，就会带动体内的阳气进行有序、有力地运行，阳气在运行中又不断增加、充盈。阳气是人体元气的一部分，这种元阳之气对身心健康的恢复有很显著的效果，关于阳气后面章节将会有详细的阐述。

而现在我们都知道，日常健身运动是高品质生活不可或缺的一项内容，对于保持一个人身心的健康以及形体姿态的美感也是其他任何手段无法替代的。一个长期坚持运动的人，给他人的感觉总是积极进取的、洋溢着青春活力的、充满正能量的。

（二）

人作为地球上的高等有机生物体，自其出生吸入第一口空气起，直至呼出生命最后一口气，在整个生命活动的过程中，机体的生长发育运动贯穿始终。

人体发育学将人的一生划分为：

胎儿期，从受精卵到分娩，共 40 周左右；

新生儿期，从出生到出生后的 28 天；

婴儿期，从出生到 1 岁；

幼儿期，从 1 岁至 3 岁；

学龄前期，从 3 岁到 6 岁；

学龄期，从 6 岁至青春期；

青春期，一般是指 10 岁到 20 岁，因个体差异，存在 2~4 岁的差异；

成人期，18 岁以后是成人期。成人期又分青年期（18~25 岁）、成年期（25~60 岁）和老年期（60 岁以上）。

衡量人在每一个时期身体的发育状态是否正常，除了从其所处时期的体格来评定外，还会从另外两个重要指标：神经发育及运动发育来进行评定。

运动发育与体格发育、大脑和神经发育之间是密不可分的。人的一系列行为动作和肌肉反射都是由人的大脑神经系统控制发出的，运动中的动作越复杂越精细就越需要高级中枢参与。

“肾气盛，齿更发长”，六岁学龄期，儿童开始认知世界，骨骼肌肉以及神经发育进入到一个全新的阶段，自我的认知开始逐步探索建立。运动能很好地促进孩子的消化吸收、新陈代谢，以促进孩子成长发育，更是对协调孩子身心的全面发展有很大的帮助。

日常一些肢体动作的训练，除了协助孩子的身体发育与成长外，还可以养成一些良好的生活习惯，如身体姿态，自觉、自律、专注，初层次的思考力，以及锻炼孩子大脑的平衡控制能力和肢体的协调统合能力。肢体的运动和训练同时也是大脑各部及神经系统的发展和训练。

这一时期也是建立自我免疫力的高峰期。生病频率高，加上踏入学校后，群体范围迅速扩大，身心受到的冲击要比幼儿园大很多。适当的运动可以促进日常健康的身心发育，通过一些舒缓运动可以刺激骨骼骨骺的反应，通过软骨细胞的分裂增殖、骨化，骨不断加长，保持正常的身体增高。

“天癸至”是培养元气的阶段，运动则是一个重要日常生活项目。运动会促进人体八大系统综合协调、均衡发育成熟。运动也有助于培养他们勇敢顽强的性格、超越自我的品质、迎接挑战的意志和承担风险的能力，有助于培养青少年的竞争意识、协作精神和公平观念。

青春期是人一生中最重要的生长阶段。这一时期除了体格迅速发展外，生殖系统的发育也趋于成熟，加上学习的积累，该时期正是认知能力心智成熟的阶段，他们将对世界产生一系列自我的认知，完善其思维模式的构建，建立属于自己的价值判断体系。

青春期时坚持运不仅能为身体健康茁壮地成长打下坚实的基础，甚至会让他们受益一生。对于处于青春期的孩子们来说，运动的好处就是可以促进身体发育，特别是骨骼的发育——骨骼长度增长、变粗，骨密度增加。肌肉在运动中也得到锻炼——肌纤维得以生长，肌肉的力量和耐久力得以增加。有数据表明，不喜欢运动者的肌肉只占体重的35%左右，而经常锻炼身体者（比如竞赛运动员）的肌肉重量可达体重的45%~50%。人如果能经常进行有规律的、适量的运动，能让大脑中的海马体长出更多的细胞，人的思维、感觉和反应都能更加灵敏，从而使人变得更聪明。

青春期的孩子们在运动的精神中认识到自我价值体系中的一些问题并重新思考，继而会修正或完善自己的价值观。例如拼搏、团队协作、重在参与、不放弃、不气馁等一些积极的体育运动精神以及健全人格的塑造。

大学作为成年期开始的第一个阶段，是人一生中承上启下的一段时光。这一段时间要积累用于毕业以后生活和工作中需要的所有能量，包括丰富的专业知识和文化知识、健壮的身体，以及自我价值观体系的完善与升华。

我国教育部门一直在号召大学生学习之余要坚持锻炼身体。清华大学、武汉大学等知名高校均积极响应了国家号召，在校运动场刷出了这样的口号：“每天锻炼一小时，健康工作五十年，幸福生活一辈子。”

在历经了中国“高考”大战的紧张备战后，进入高校的大学生们普遍都缺乏有效的运动健身，身体健康状态普遍低迷。加上物流的发达及电子产品和网络游戏的泛滥，“宅”成为了他们的日常状态。

大学生所处的年龄段，是其身体健康状态正处在黄金巅峰值阶段，可能会意识不到身心健康的重要性，但一定要持有健康运动常识方面的认知。一旦“不知持满，不时御神，务快其心，逆于生乐，起居无节”，这些不当的行为习惯将会大肆地消耗体内的元气。

毕业后踏入社会，开始实现自己的人生理想，体现自我的价值，奉献自己储备的能量，步入高速发展的快节奏城市生活工作中，一个健壮的体能是工作的标配。如今社会的激烈竞争和科技的快速发展，实际的工作状态并不是我们想象的朝九晚五。在高速的社会发展节奏中，人们每天都忙忙碌碌，奔波不息。

及至中年，“天癸竭”，身体各脏器功能也随着年龄的增长而逐渐衰弱，这是自然规律。30 岁以后我们的身体生理功能平均以 1%的速度衰退，特别是内分泌系统和免疫力系统整体下降，导致身体的健康指标越来越低。特别是在35 岁以后的“肾气衰”，身体脏腑的“黄金指标”开始日趋下滑，身体健康指标亦随之下降，这是一个自然现象，也是必然现象。以前进行的一些不当行为和习惯会在这个时候逐步表现出身体异常的不适或病痛。而且有些疾病还是不可逆转的，会伴随终生，如最常见的 2 型糖尿病。

俗话说：“人老百病欺。”老年后，无论是年少轻狂时的一些不良习惯或元气的挥霍，还是脏腑器官精气衰退的自然性退变，老年时期的健康状态是人一生中的黄昏阶段。

中年至老年这个阶段，骨质发生退行性变化，骨质疏松很容易导致骨折，筋经、肌肉的萎缩，其柔韧性、伸展性以及兴奋和传导都大大地减弱。一系列的老年病困扰着年老时间，加上这个时期内分泌低迷、免疫力差，身体的自我修复较为缓慢。

要保持生命体征的正常匹配值，运动是首选。永葆青春的身心，健身运动是最好的方式。

《柳叶刀 · 精神病学》发表的一项研究明确指出：与不运动的人群相比，运动人群的心理压力更小，更不容易抑郁，其中团体运动（比如足球）对减轻心理压力最有效，其次是自行车运动，第三则是有氧和健身房运动。研究发现，整个人群，包括运动的人群和不运动的，平均每个月有 3. 36 天心情不佳，但是运动人群却只有 1. 49 天，比不运动的人群少了足足 43. 2%。无论性别，无论年龄，也无论家庭收入状况，运动的群体普遍都有更良好的心理健康状况。

除此之外，研究人员又特别研究了冥想类的运动，比如瑜伽和太极拳等。研究结果显示，这类运动大大有利于调节心理压力，甚至比散步还要有效。

当今环境卫生的改善和发达的医学技术，以及当下人们的健康意识和养生观念的增强，人类的平均寿命逐步提高。公元前欧洲人的平均预期寿命仅 20 岁左右，1850 年左右达到 40 岁。19 世纪随着工业化革命，社会生产力的解放，人口的平均预期寿命迅速上升。自 1850 年以来的 100 多年内，欧洲人的平均预期寿命大约增加了三十多岁，按 1977 年联合国人口年鉴所示，已达到平均 72 岁的水平。

国家卫健委发布的《2017 年我国卫生健康事业发展统计公报》报告显示，2017 年，我国居民人均预期寿命由 2016 年的 76. 5 岁提高到 76. 7 岁。

据数据显示，日本在战后平均寿命逐渐增长。据世界卫生组织的统计数据，2018 年日本人的平均寿命为 84. 2 岁，其中男性的平均寿命为 81. 1 岁，女性为 87. 1 岁。

日本人长寿的原因不仅仅是医学的发达，其日常生活中，健身运动、健康意识也位居世界首位。北欧瑞士等一些高度发达国家，健身运动更是日常生活中必不可少的项目。

东西方一些名人传记中，那些学者大家都有一个共同的特点即坚持运动，并且高度自律。德国古典哲学思想创始人康德先生每天下午固定的散步时间，居然成为了市民们的对表时间。

生命的生存、发展、变化在于运动，运动为生命的生存、发展及变化提供动力和源泉。运动是日常生活不可或缺的一项重要活动。

第二章　太极拳认知与健康

一、太极拳的起源与派系流传

（一）

要了解传统太极拳与人体健康之间的关系这个问题，要从传统太极拳的起源展开探究。

因为对武当太极拳的历史及理论结构了解不够深入，所以本书仅着重于陈氏太极拳体系与人体健康之间的探讨。

当今的太极拳流派纷呈，而其中最重要的门派则非“陈氏太极拳”莫属。当下主流的太极拳门派诸如“杨、孙、吴、武、和、赵堡”等门派皆出自陈氏太极拳门下，陈氏太极拳是中国传统太极拳的宗源流派。

被西方历史学家所称赞的“伊洛文明”的发祥地是在河南省洛阳境内伊河和洛河交汇的地方。而距洛阳不到90公里，距河南省会郑州市西北80公里，太极圣地陈家沟村就坐落于河南温县城东约十里的赵堡镇南。《易传·系辞》中说到“河出图，洛出书，圣人则之”，这里还是河图洛书的发祥地，也是中华文明的发源地之一。

在距陈家沟十公里左右的的邙山附近，值暮春时节，黄河河面解冻以及周围伏牛山系的一些山体冰雪融化时，伊河的清澈与洛河黄浊便交汇于此，两股水流便会以一清一浊、一阴一阳融合在一起，形成一幅波澜壮阔的中华太极图。

温县一带古时称怀庆府。怀庆府明朝时期辖管六县，清朝辖管八县。

温县地理条件优越，四季分明，光照充足，土地肥沃，有着丰富的水利资源，盛产诸多中草药。1962年，国家从《本草纲目》记载的1892种中草药中优选出44种作为“国药之宝”，四大怀药——怀山药、怀牛膝、怀地黄、怀菊花俱列其中。在这片盛产中草药的土地上，中医文化也势必广泛流传。

"太极圣地"河南温县陈家沟村的陈氏第十九世太极拳掌门人陈小旺老师在其著作《世传陈式太极拳》一书中说："陈王廷文武兼优，依据祖传拳械，采择诸家拳法精华，结合中医经络学说和导引吐纳术，以古代阴阳学说为理论根据，创编了太极拳。"

据《陈氏家乘》记载，陈王廷，明末武庠生，清初文庠生。天资聪慧，勤奋好学，熟读诸子百家、经史子集，学识渊博。不仅深得家传武功的精髓，还博览群书。

陈王廷是陈氏家族自明初洪武年间迁移到怀庆府陈家沟村的第九世族人。陈家始祖陈卜亦精通拳械，并嘱流传后世。陈王廷早年便考取功名，为国效力，直到晚年后，总结一生所学而另辟蹊径，充分运用中医学理论和道家的养生学说，并应用《周易》的阴阳哲学思想，将少林拳、通臂拳以及《纪效新书·拳经捷要》等流传已久的武术套路赋予新的思想和内涵。其在《长短句》中说道："叹当年，披坚执锐，扫荡群氛，几次颠险。蒙恩赐，枉徒然，到而今，年老残喘，只落得《黄庭》一卷随身伴。闷时来造拳，忙来时耕田，趁余闲，教下弟子儿孙，成龙成虎任方便……"

陈王廷生活在一个朝野更替、政局动荡的年代——明末清初，年轻时曾"披坚执锐，扫荡群氛"，从军打仗，除了维护一方百姓的安危，还要抵抗满人的入侵。陈王廷遇到李自成的部下李际遇，还曾组织老百姓帮李自成起义军渡黄河。后来李自成兵败，李际遇也被杀，陈王廷就逃回怀庆府的清坪寨避难，到年老时，清朝已经一统天下，陈王廷见明朝大势已去，便回到老家陈家沟养老。

陈王廷晚年开始在陈家祖传的功夫基础上加入自己身经百战的经验重新创编拳术。陈王廷创造的拳术风格，以周身螺旋缠绕为主，以类阴阳互生互感之象。周身松柔，以筋骨相合，旋转腰身，导引吐纳，气息发自丹田。敛气于骨，以意行气，一气贯通，气血合流，骨正筋柔。此门拳术在练习前期以导引气血强壮身体为主，在身体内壮以后，逐步达到技击的目的。

《陈氏太极图说·序》中说太极拳是："以易为经，以礼为纬，出入于黄老而一以贯之，以敬内外交养，深有合于儒家身心性命之学，不徒以进退刺击、阳开阴合，示变化无穷之妙。"

陈氏太极拳的理论体系构建是在阴阳哲学思想的基础上，借用经络理论、养生学说等中国古老的文化精髓。

阴阳理论主要来自《周易》，经络理论主要来自《黄帝内经》和《针灸大成》，养生学说主要来自《道德经》《庄子》《黄帝内经》以及道家内丹思想体系。

在陈氏太极拳经典著作《陈氏太极图说》中，篇首就讲述了河图洛书、《周易》以及伏羲、文王八卦的基本概念。

《周易·系辞上传》对周易体系的创作作了这样的说明："古者包牺氏之王天下也，仰则观象于天，俯则观法于地，观鸟兽之文，与地之宜，近取诸身，远取诸物，于是始作八卦，以通神明之德，以类万物之情。"

《周易》首立阴阳之道阐述宇宙起源、发展及变化；太极拳说阴阳互生，阐述人体力量的产生与变化；《黄帝内经》用阴阳理论来阐述生命的起源和本质，人体的生理功能、病理的变化以及疾病的诊断。《周易》有四象：少阳、老阳、少阴、老阴，太极拳有手足四肢；《黄帝内经》有四气：春、夏、秋、冬。《周易》有八卦：乾、坤、震、巽、坎、离、艮、兑；太极拳有八门劲：掤、捋、挤、按、采、挒、肘、靠；《黄帝内经》有八纲辨证：阴阳、虚实、寒热、表里。阴阳生五行，太极拳有进、退、顾、盼、定五步合五行，《黄帝内经》有五行互藏象学说。百家同出而异，但却是"万法归一"。

太极拳正是通过研究《周易》思想体系的构成，观察天地日月的运行变化规则，结合《黄帝内经》天人相应和人体经络理论，以及道家的导引吐纳之术，在反复的推敲和验证过程中，终于形成了一套独特的运动体系——由阴阳互根产生的刚柔并济、螺旋缠绕之圆融运动。在周身的协调统一下，以"意气"为主导产生的筋骨相合、顺逆缠丝的运动方式，其力道从脚借地而起，行于腿，主宰在腰，发于末端。太极拳以导引吐纳之气催动身形，成为内家拳体系的翘楚。

正是陈王廷的"文武兼备"，其运用《周易》，结合《黄帝内经》与道家内丹体系，从而使传统太极拳术一诞生便具有健康养生的原始特性。

至陈氏第十四世祖陈长兴时，其晚年由博归约，将重复繁杂的套路体系，精编为陈氏老架一路、陈氏老架二路，以及剑、枪、春秋大刀等器械套路，流传至今。民国年间陈氏第十七世陈发科先生开始在北京传拳。

20 世纪 90 年代，陈氏第十九世陈小旺先生开始向海外传拳，将中国传统武术传播至五湖四海，推动了中国文化在海外的影响力。而"太极圣地"陈家沟村也俨然成了一个国际村，五湖四海的朋友慕名而来，太极拳爱好者更是朝圣于此。

后人继续在前人的基础上深掘与剖析，将太极拳的理论体系逐步科学化、具体化地阐述清晰，让这门变幻莫测的功夫逐渐解开神秘的面纱，使其更加通俗易懂，更容易被普通大众接受和喜爱。

正是在这片得天独厚的中华文明起源之地，我们勤劳的祖先汲取中华文化之精华，在日常生活中，用劳动人民的智慧将太极拳术创造于此，绵延不息。

（二）

自杨露禅从陈家学得陈氏家传功夫在北京名扬天下后，各界大家名流纷纷聚焦此拳。杨露禅将传统太极拳术传及其子杨班侯、杨健侯，其孙杨澄浦更是在家传功夫和教学经验上根据社会需要，发展创编出“杨式太极拳”。杨氏太极拳姿势开展，身法较陈氏轻柔，练法简易，深受广大群众喜爱，在民间推广得最为广泛。

杨露禅在京授拳时，满清军营有一将军，名全佑，跟随学习传统太极拳。全佑勤奋刻苦，受益最佳，于传统太极拳术中擅长柔化之功，后奉杨露禅之命拜次子班侯为师，对杨家父子精心侍奉，踏实稳重，兼得杨家父子之长。全佑将其所学传于其子吴鉴泉（因民国后，清朝灭亡，其家族改汉姓吴）。

全佑先生因得杨家父子之长，深通杨式大小架套路，融会贯通，传至其子吴鉴泉时，又经数十年的改进和发展，遂形成以柔化为主的紧凑、大小适中风格的传统太极拳，即“吴式太极拳”。其动作轻松自然，连续不断，拳式小巧灵活，紧凑中不显拘谨。推手动作严密、细腻，守静而不妄动，以柔化见长。

在陈家陈长兴的时代，陈家太极拳法以身法分为大架和小架。陈长兴嫡传了大架的身法，即我们现在所说的老架。小架其中一支延续保留至今，陈鑫著《陈氏太极图说》中，所展现的套路动作为小架。小架另外一支有陈长兴的族弟陈有本传承。陈有本其子陈清萍得家门武学真传，在前人的基础上继续完善，后创“赵堡太极拳”。

和式太极拳鼻祖和兆元出生于一个医林世家，精通中医，善治疑难杂症，在当地有一定影响。和兆元拜赵堡镇太极拳名师陈清萍门下，开始习练太极拳。因他天资聪颖，活泼机敏，功夫出类拔萃，深得陈清萍赏识，并在全面继承了赵堡太极拳拳论后创建了“和式太极拳”。

杨露禅的老乡，河北永年人武禹襄得知杨露禅学得陈家拳法真谛后，惊叹不已，已是武术名家的武禹襄前往陈家沟拜师学艺。年老的陈长兴推荐其前往陈有本处学习，在得到陈家功夫真谛后创立了“武式太极拳”。

1912 年，武林中号称“虎头少保”的孙禄堂在北京遇武式太极拳第三代传承人、太极名家郝为真先生，此时孙禄堂已经是名震武林。孙禄堂先生早年师从形意拳宗师郭云深、八卦掌宗师程廷华，得其真传。在习得武式太极拳后，融三大内家拳法为一体，创立“孙式太极拳”。

现代陈氏第十七世太极拳宗师陈发科在北京教拳，其中弟子洪均生先生聪颖过人，善于思索，文武兼修，随陈发科习拳不久，即对陈氏太极拳的缠丝功颇有心得，后创立“陈氏太极拳洪门”，流传于山东一带。

冯志强原籍河北省束鹿县人，1928 年出生，出身武术世家。冯志强先生自幼习武，1948 年拜心意拳名家胡耀贞先师，学习心意六合拳，后又拜人称“太极一人”的陈发科为师，学习陈氏太极拳。晚年冯志强先生融心意六合拳和陈氏太极拳为一体，创立“陈式心意混元太极拳”。陈式心意混元太极拳以“内外俱炼，以内为主；动静相兼，以静为主；练养结合，以养为主”为练功原则。混元太极拳将养生与技击两方面有机地统一在一起，既有极好的养生保健作用，又有极强的技击防身功效。

传统太极拳发展至今，已经不仅仅属于陈家，更是国家、世界的太极拳。各国学员纷纷来到中国太极拳的各发源地拜师学艺，将中国这一绵延千年的灿烂文化播撒在世界各地。

案例一

太极拳享誉世界

我是 Jorge Riscadoni，来自西班牙最南端的城市 Algeciras，今年 45 岁。我是国际太极拳大师陈自强老师的弟子，是陈氏太极拳第二十一世弟子。陈自强老师是陈氏太极拳的嫡宗传人，他给我起了一个中国名字：陈少武。

我在八岁的时候看了李小龙的电影，之后就对中国武术电影里的中国功夫感到震惊和羡慕，并在那个时候就立志要学习中国功夫。但是中国功夫在我的城市里没有人知道，更没有传授中国功夫的武馆。那个时候没有互联网，我只有从中国武术电影中得到所有的信息。我看了 100 多部电影，每部电影都让我学习到不同的武术风格，这就是我在中国武术生涯中开始自学的经历。直到我 13 岁，我才开始练习中国南拳的功夫，不久在我家乡的一所小学校学习了太极拳。我开始勤奋学习太极拳以增加我的训练，重点放在练习放松上。当我第一次有机会去中国的时候，我才知道什么是真正的太极拳，在那里找到了我需要的所有信息，直到现在我只专注于这门武术。

我是西班牙陈家沟陈氏太极拳学校的校长，该学校已经有近 200 名学生，年龄在 4 岁至 84 岁之间。

2016 年，中国武术全国协会授予我武术第六 Dan（中国武术）称号，由中国武术大师吴斌先生给我颁发的。武术大师吴斌是武术教练，在其最著名的学生中，有一位国际知名的电影演员李连杰，英文名：Jet Li。

在我作为一名武术运动员所取得的成绩中，值得自豪的有：

马德里市武术（太极）西班牙冠军；

俄罗斯莫斯科 Sanshou-Tuishou，欧洲实战冠军；

世界第二届武术锦标赛（太极二届）第三名，波兰瓦萨尔；

被体育高级委员会和教育、文化和体育部承认为精英运动员和优秀运动员；

在中国首都北京举行的武术国际锦标赛上，获中国武术（太极）第十届国际冠军。

对我来说，太极拳是一种生活方式，它不仅提供了一个强大和灵活的身体，而且有助于健康和平衡的头脑和安静的内心。

西方有一种错误的观念，认为太极拳仅适用于老年人。我的工作是帮助那些有兴趣学习太极拳的人了解这门武术的全部面貌和如艺术般的美妙动作。

太极拳适合任何年龄和性别，所有的练习者都能从太极拳里面获得非凡的技能。西方人从中国文化中可以学到很多东西，因为东方人生活中有很重要的一项——养生健康，而太极拳则是他们日常最常用的养生健康方式之一。

中国武术不仅是一种自卫的方法，也使从事武术锻炼的人身心得到全面的发展。太极拳为儿童健康成长为成年人提供了一系列好处。

陈氏太极拳的一个主要特点是，使人学会正确和协调地移动整个身体，加强骨骼和肌肉之间的配合，并通过锻炼增强免疫系统预防疾病。

在日常训练中集中精力和持续练习，使儿童逐渐通过太极拳每一项运动训练来全面了解自己的身体。通过训练，他们将懂得通过坚持不懈、耐心和辛勤工作，才可以实现目标，从而提高安全感和自尊，并为他提供一系列生活价值观。

陈氏太极拳是一门为自卫而设计的武术，通过太极拳的训练，孩子们获得了一系列知识，从而增强了他们的信心，增强了他们的对事物的决策权，在生活中树立了积极的生活态度。此外，人体健康的概念还与太极拳息息相关。

太极拳是一门武术，它将柔软和灵活的运动与快速和有力的运动相结合，协调身体和思想，逐步和平衡地发展儿童的身体，使其茁壮健康地成长。

陈氏太极拳的创始源自天地运动的规律，通过这种螺旋缠绕运行特点的锻炼，能疏通人体的经络和关节，防止过度的耗损。通过这种方式的锻炼，身体一些有淤堵的地方得到恢复，也增强了筋骨的力量。通过锻炼和研究，人们对陈氏太极拳的哲学思想体系也逐步明了，从而进一步了解太极拳这种传统武术项目对健康的积极作用。

陈氏太极拳对人体各部位有着很完整的解析，通过这种快慢相间的运动风格，也有助于我们锻炼出既灵活又健壮的身躯。

要想练习出陈氏太极拳的武术功力，必须要尊重一个非常重要的运动原则，就是陈小旺老师所说的："以丹田为核心，一动全动。"

如果气能训练在身体中流动，就会爆发出很大的力量，而气本身是没有力量，是很柔软的，感觉很微妙。我们在太极拳运动中若身法误差很大，则气的流动就会被阻断，并且不会出现太极拳的劲道。气不在筋骨中流动，也将没有实际的作用。

如果在套路练习中，用很大的力量来运行动作，那么你的身体将会更加僵硬，这样就越发偏离了太极拳的发力规则。

你只有在运动中去掉僵力，你的内气才会流畅，气流动得越流畅，人体就会被开发出更多的潜能。

陈氏太极拳的发力动作非常快速，这是太极拳的爆发力和长时间的锻炼结果。

在练习太极拳之初，我们的动作幅度会大一些，这也是活动我们肢体关节的一种方法，我们必须了解身体在运动力学中的一些原理，以及自然放松的练习方式。这样，肩胯的问题就能慢慢得到纠正，这也正是有关筋骨形成的运动方式与气之间的关系。

通过长时间的训练，我们筋骨和内气配合得更加顺遂，并且逐步缩小运动中的误差，从而获得更集中的力量。只有太极拳的运动才能使我们的身心从紧张状态释放出来，自然柔缓的运动。

陈王廷在创编太极拳时，加入了中医学的理论。在中国，水平下一等的医生是"治已病"，水平高的医生是"治未病"。

但是我想说的是，在"治未病"的体系中，太极拳是非常好的医生。

作为一位太极拳老师，我非常幸运的是，能帮助身边的很多人参加我的太极拳课程。很多身心有健康问题的学生，已经在课程的练习中有了很大的改善，有的在逐步消除疾病或一些健康问题。

我的一部分学生都是因为身体的健康问题才找到我们学校，比如呼吸系统疾病（哮喘）、注意力不集中、自闭症，以及自闭引起的智力低下。在太极拳课程训练中他们都取得了令人满意的结果。

许多年长的学生，是因为老年健康问题来到我们的学校。诸如关节炎之类的退化性问题和风湿性肌肉疼痛类的慢性问题，其他还有一些严重外科手术后康复训练的学生。他们都将太极拳课程作为康复训练的方法，也都获得了显著改善。

患有关节问题的老年人在太极拳运动中重新获得了更多的力量和生命的活力，受到一些严重创伤的学生在练习陈氏太极拳后也逐渐远离痛苦，身体逐渐灵活起来，也更加坚强和快乐。

今天，我们的生活节奏非常快，这使我们遭受更多的压力情绪伤害，而太极拳是一味与之抗衡的良药。如果我们不能控制我们负面的情绪状态，就会因情绪而产生疾病。在负面情绪控制下的身心会扭曲我们对现实的感觉，长期的负面情绪是我们产生疾病很重要的原因。在这些情况下练习太极拳有助于对抗负面情绪。当我们练习太极拳时，人体会分泌一种“内啡肽”的化学物质，它们能刺激大脑产生愉悦的情绪。

太极拳是目前世界上最常见的健身运动项目之一，但是大多数人都只知道它是一种意识放松体操，因此太极拳常常不被认为是有自卫的功效，不是真正的武术体系，这也是一个错误的认知。

我认为这个错误是源于很多太极拳老师只将太极拳作为养生体操来进行教学，而忽视了它的武术本质。太极拳是阴和阳的结合体，它有一部分是致力于人体身心健康的，另外一部分是至于力武术格斗的。两者结合，才是太极拳的本质。而大多时候武术格斗被忽略，仅作为健康养生运动。

我的师父陈自强老师是我见过的最完美的老师。在格斗中，他非常坚强、快速且坚不可摧，在每个动作中都具有出色的完美性和流畅性。在教学中，他具有出色的肢体语言表达能力，这是他进行教学和交流的最佳方式。他的一举一动都使你了解他想要传达的信息，他的太极拳教学既有自卫格斗又具有健康知识。他对养生健康非常了解，但最重要是他是一个品德很优秀的老师。

我会努力工作，以便将来在整个西班牙进行太极拳的传播和发展，我也将致力于为太极拳作出贡献，并且使我们的子子孙孙都受益于中国伟大的太极拳。

陈少武　陈氏太极拳二十一世弟子

阿尔赫西拉斯城，2020 年 3 月

二、太极拳现状分析

（一）

根据多年传统太极拳交流和教学活动的总结，特别是每学期在课堂上对大学生们的调查得知，大家对传统太极拳的认知，大多数还是不够正确，也不够全面，仍处在文学作品以及影视作品中描写太极拳的认知阶段。而在网络中甚至还出现了诸多质疑、误解、谩骂甚至反对太极拳的声音，因为没有面对面和这类人交流，也无法了解他们是如何认知传统太极拳的。

下面就一些对传统太极拳认知普遍有偏差的现象一一阐述，希望能有所解惑。

1. 太极拳是“老年拳”

日常中绝大数人都认为练习太极拳，以及谈“养生”健康是老年人或退休以后的事情。为什么会产生这样的普遍认知呢？这和我们的国家一定历史时期及其社会背景有一定关系。

改革开放以来，国家政治、经济趋于稳定发展状态。在经历了前期一系列艰苦卓绝的国家基础建设后，这些为之奋斗后即将或已经离退休年龄群体的人们，身体健康总体水平普遍不高，政府就开始大力提倡全面健身运动，传统太极拳就是在这个时期被推出来了。国家体育局（前体委）组织相关人才编排了大量的简化太极拳，通过各种方式和途径在人民群众中推广普及来提升整体国民的身心健康水平。而在这个时期有时间、有需求、有兴趣来练习太极拳的，大多是离退休的老年人群。

在政府以“太极拳能有效提升身体健康水平”的指导思想积极推广下，这类人群就开始在各社区、公园、广场、休闲场地打起了太极拳。电视媒体也开始大力地播报、宣传，所以我们在电视上看到的都是老年人在练习太极拳，几乎没有年轻人的身影。仿佛太极拳就是老年人的专利，甚至是老年人的标志。

太极拳是老年人练习的项目，这样的印象就慢慢在人群中被定格，而养生文化亦是如此被解读，认为年轻人不需要养生，养生要到了老年后才开始。

实则传统太极拳是男女老少皆可用于日常练习的传统武术运动项目，只不过在如今的普及和训练体系中，传统太极拳作为武术的技击部分被削弱，更多体现在养生健身方面，以及诸多疾病的辅助疗愈、慢性病的调理上。

自改革开放后，焦作市政府已开始在市县各中小学中普遍推广太极拳，太极拳成为了课间操、学生们的必修课。现在国家又在大力提倡传统武术进校园，相信在不久的将来，太极拳是老年拳的认知就会被改变，最终成为一项男女老少都喜欢参与练习的养生健身运动。

2. 太极拳是“摸鱼拳”

我们在电视、公园里看到练习太极拳的人，绝大多数是慢悠悠地、轻飘飘地、软绵绵地进行着太极拳肢体动作的演练，看着像是一点力量都没有，感觉也没有任何体能的消耗，筋骨也似乎得不到任何的锻炼，就连肺活量和心率也都没有达到西方健身的标准。殊不知，这正是太极拳运动方式的独特性。

传统太极拳讲究以柔克刚，开始练习的阶段就是去僵化柔的过程，通过放松肌肉的训练方式，去掉肌肉局部的僵劲拙力，让整个身体都舒展开，心气下沉，整合内气配合肢体的运动来练习传统太极拳的整体劲道。同时，通过这种慢节奏的动作套路来磨合身体上下、内外的运动整体协调性，导引体内气血的流动，疏通经络，濡养筋骨，强身健体。

经过传统太极拳练习的人都会有自己亲身的感受体验，这种看似慢悠悠的动作，远要比以其他的健身运动要累得多，热量消耗得更多。多数人冬天在室内的一些舒缓运动都不会出汗，只有经过剧烈大幅度的训练才能产生热量出汗。但如果一套完整的陈氏太极拳老架一路练下来，十八分钟左右的时间从内至外就会让人的身体缓缓地冒汗，并且还不会大口地喘气。

而在平日里练习基本功时，往往一个传统太极拳的标准动作坚持不了一分钟就全身发热冒汗。

在这种舒缓的练习中，既能消耗掉人体过多的热量，又不至于对人体产生运动伤害和过多的身体体能消耗，很适合一些身体体质较弱、日常缺乏运动锻炼，或是有运动伤害借此恢复以及疾病恢复期身体虚弱的人来进行练习。

哪怕是身材健壮的人，初来练习传统太极拳最入门的太极桩功时，标准姿势五分钟都难以坚持，浑身出汗，两腿瑟瑟发抖难以支撑身体，可见传统太极拳的练习还是有一定体能强度的。

3. 太极拳是天下无敌拳

这也是一类因金庸先生等诸多武侠作品以及后来一些影视剧对太极拳玄妙而深不可及、内功雄浑、发人于一丈开外的描述，继而在内心里产生了太极拳术是最厉害的武功的认知。

中国传统武术渊源久远、博大精深，凡是有完整体系的、有历代传承的武术门派，其最终的功夫境界都很高深莫测，都具有搏击的实战性。最关键是练习者是否按照其门派的武术理论要求和练习要求达到目标。理论体系再全面，练习的人没有达到训练目标的要求，一样练不来高深的功夫。传统武术是一项知行合一的运动，是用身体实实在在练出来的功夫。

传统太极拳属于中国传统武术的范畴，陈氏太极拳所用的一些经典动作招势来自于抗倭名将戚继光将军的《纪效新书》之《三十二势拳经捷要》。《纪效新书》是戚继光将军在战场上杀敌致胜的一部兵法经验总结。

传统太极拳具有养生、技击的功效，有一套完整的功夫训练体系，而我们日常所练习的不过是传统太极拳的养生体系罢了。日常生活中的套路和推手练习要想练出功夫上擂台是不可能的。传统太极拳术虽有技击的能力，但不是文学作品和影视作品描述的那样飞来飞去、击人于一丈开外、轻轻一拍山崩地裂的艺术创作，传统太极拳还得靠踢、打、摔、拿，贴身攻击对方。凡是认为学了一套太极拳就可以“打遍天下无对手”，皆是深受文学艺术创作所惑，异想天开。

4. 练了太极拳就一定身体健康

练太极拳我们是为了收获身心健康，但有一点尤其值得我们注意的是你练的是不是传统的太极拳，是不是按照科学的教学体系在练习。

按照科学的训练体系坚持下去才会收获身心的健康。传统太极拳是一项很“实在”的运动，只要你付出，就一定会有收获。

有一些人缺乏对正统太极拳术的认知和理解，跟着一些会太极拳套路的“师傅”就练了起来。认为找个会太极拳的人跟着学学就可以达到健身效果，最后却收获甚微，或根本就没有收获，甚至是收获了运动伤害。这些个案例，在日常教学中遇到了好多。

这类人就是忽略了科学的教学训练体系对身心健康受益所产生的有效因素。只有在科学的训练体系中，应用科学的方法练习正统的传统太极拳才能有效地收获身心健康。

例如我们日常会看到一些人，日复一日、年复一年，风里来雨里去，非常勤奋刻苦地在练习太极拳，他们是否由此收获了健康呢？这就需要推敲一二了。

如果经常在室外练习太极拳，不知道如何与自然界和谐相处，顺应四时的变化，那么自然界中“风寒暑湿燥火”这六淫之气就会侵蚀我们的身体，久则成疾。日常最多见的是风邪，在《黄帝内经》中医学基础理论中，风邪为百病之首，还有夏暑、秋燥、冬寒等。如果不明白这些道理，顺应“四时六气”的变化，锻炼的结果无疑是背道而驰的。

还有，大多数日常的运动对膝盖都会有一定的冲击，而科学的训练方式可以有效避免运动对膝盖的损伤，还能修复以往运动过程中膝盖造成的旧伤。这些健复成功的案例，在我的身边教学过程中很常见。

所以一定要科学地认知、科学地练习太极拳，这样才有良好的健康受益。

（二）

在国家的大力支持和弘扬下，太极拳作为日常健康运动被普及得越来越广泛，其养生健身功效也越来越受到人们的关注和喜爱。随着市场经济的发展，太极拳养生健身行业也在逐步扩张，市场份额越来越大，有很多人看好这个市场机遇，纷纷涉足其中，希望可以从太极拳传播的市场中获得一份不错的经济收益。起初，传统太极拳只是在门派内部进行教学传承，后来受到市场经济的影响，才慢慢向社会开放，在民间广为传播。

中国传统文化体系教学和传播有它自身的独特性，言传身教是其教学与传播的核心。

传统太极拳术在教学传播过程中有三种语言：（1）多媒体语言。例如视频音频资料，或是书籍等；（2）肢体语言。老师在教学现场的动作身法演示，便于学生从全方位、各角度来观察肢体动作的运行轨迹；（3）引导语言。学员初期模仿老师的肢体动作时误差都很大，这就需要老师亲手来引导、调整学员的身法标准，产生标准状态下的肢体记忆，便于自己在练习过程中逐步缩小运动误差，达到动作标准。教学中，三种语言都有各自的特点和存在的意义。

自古以来，中国传统文化教学中最注重老师的言传身教，所以第三类语言在教学中尤为重要。如果没有老师的亲手引导，学生就不会知道标准的太极拳身法在身心上是什么样的感受，也不能把握动作标准的规律性，运动时动作误差就会很大，导致运动的受益也会降低。

每个人的肢体结构都不尽相同，即使是同胞兄弟姐妹，也各有差异。每个人在后天汲取的教育也不相同，导致各自的认知差别，所以每个人对动作的理解和运行也不相同，而且在不同的练习阶段，身法上的标准也存在不同。初级水平和中级水平的要求不同、男生和女生略有不同、年长与年幼不同、体质强弱不同，所以在整个过程中不能用同一个身法标准来进行训练，这对教学者也是一种技能水平的考验。

太极拳最初的传播场地多以公园、广场等人群较为集中的地方为主，此时太极拳的传播还只是作为一种类似公益的活动推广模式，拳师们利用闲暇时间教一些身边的亲朋好友或同事锻炼锻炼身体。

公园、广场一般离居民区不远，交通也很方便，场地还是免费开放的。随着政府的宣传推广，爱好的人群越来越多，随着市场份额的扩大，一些具有经济头脑的拳师就开启培训班模式，进行收费教学。但因为商业利益的驱使、市场监督困难，又缺乏武术运动行业、协会的正确引领，导致公园广场教学传播鱼龙混杂、良莠不齐，外行人又很难辨别真伪。

伴随互联通讯技术的发展，新兴的传播途径应运而生，自媒体时代到来。一部分人开始利用网络平台进行音频、视频的传播教学，如：小视频和网络直播，是适应当今文化消费一种很好的传播方式。

自媒体音频、视频传播方式虽便捷，但作为传统武术的教学工具，却难以胜任。一个招势动作是全方位的肢体展现，目前的二维视频技术很难完整的将动作全面展现，三维全息技术也只能在室内体现出第二种语言，而第三种教学语言目前在技术上无法突破，皆为此类传播方式的瓶颈。

当下比较正规是场馆式教学传播。设立公司，由政府机关监督，租赁场地，确保有合适的教学环境和充裕时间进行练习。公司化的运营也更好地服务大众，在接受市场的考验时，课程体系更加科学化、人性化，不断完善课程内容和教学体系的同时，学员还能更加经济实惠地享受太极拳带来的身心愉悦。市场化规范行为能更好地将正统的教学体系导入进来，引进有传承的武术门派体系，让学员接触正统的太极拳养生知识。

三、现代健康的概念意义

（一）

改革开放以后，我们国家逐渐走向自强复兴，经济、文化、各产业都有质的飞跃。老百姓日常生活中的需求，不再是基本的物质生活条件，已逐步上升到精神需求层面，对健康的认知和需求也有很大提高。

健康已成为老百姓日常的谈论话题，健康养生认知已逐渐从老年人群下移到年轻人群。其原因一是全民认知普遍提高，二是现代年轻人的身体较早出现亚健康状况。

那什么才是健康呢，或者具备哪些条件，才能算是一个体现现代真正意义健康的人呢？

根据1915年舒新城先生主编的综合性辞典《辞海》中的解释，健康是“人体各器官系统发育良好、功能正常、体质健壮、精力充沛并具有良好劳动效能的状态。通常用人体测量、体格检查和各种生理指标来衡量。”

这种说法虽然比我们古代把健康解释为“无疾”更完善一些，但还是仅仅把人作为生物有机体来对待，没有提高到现代社会的概念。

所以，站在现代社会文明发展的高度，1946年世界卫生组织（WHO）就提出了这样的健康概念——“躯体没有疾病，且具备心理健康、社会适应良好和有高尚道德的素养。”

世界卫生组织关于健康的这一定义，把人类的健康从生物学的意义，扩展到了精神层面和社会关系（社会相互影响的质量）两个方面的健康状态。把人的身心、家庭以及社会生活的健康状态均包括在健康概念的范围之内，无疑是具有前瞻性和整体性的。

当今，人们已然明白，仅仅只有身体各生命体征指数正常的生理状态不能算是真正意义上的健康。从单一的“无疾”，已然从一个个体提升到社会与大自然的整体概念，个体的生理机能、心理状况、生活环境、行为方式等均被纳入到现代健康的概念中。

现代健康的含义应该是多元的、广泛的。只有具备了生理健康、心理健康、道德健康、智力健康、社会健康、环境健康一整套综合体系才是具现代意义的健康状态。

生理健康是一切的基石。一个人在身体有疾患的情况下很难保持正常的生理行为和心理行为，而不健康的身心更容易产生不良的社会行为，类似的“医患关系”案例信息网络上经常曝光。就拿一个基本的社会结构——家庭来说，家庭成员中如果有一个人生了病，就可能会影响到整个家庭或单位的正常秩序。

生理的健康与不健康之间没有十分清晰划分界线。在日常生活中，介于健康和不健康的身体生理症状表现则被命名为：亚健康。

亚健康状态是存在于我们当下社会中非常普遍的身体健康现象。导致亚健康的主要原因有：饮食无节、缺乏运动、起居无常、睡眠不足、精神紧张、心理压力大、长期不良情绪等。

心理健康是指一种持续且积极发展的心理状态，在这种状态下，主体能作出良好的适应，其认知、情绪反应、意志行为处于积极状态，能够正确认识自我、自觉控制自己、正确对待外界影响，心理保持平衡和协调，并且充分发挥其身心潜能。基本含义是指心理的各个方面及其活动过程处于一种良好或正常的状态，总保持一种正向积极的乐观态度。

社会健康也称社会适应性，指个体与他人及社会环境相互作用并具有良好的人际关系和实现社会角色的能力。包含生活、学习、劳动、人际交往能力、独立思考判断问题和解决问题的能力，以及竞争意识、生存能力、受挫能力和合作能力，等等。

环境健康是指人们生活周围的生存环境，如大气、水、噪音、食物对人体产生的影响，以及人在生存过程中所产生的废弃物对周围环境的影响。对于环境健康，当下最常见的字眼就是“绿色”“有机”“低碳”。

至于身心健康测评，需要专业机构的专业人士通过科学有效的手段进行检测评估，比如医院、体检中心、心理咨询中心等。人体的正常生命活动、疾病的判断都有其相当专业、复杂的一系列理论体系，绝不是对照几本书，或看了几个视频资料就能轻易判断的。

健康是我们每一个人的基本权利，是每一个人的基本需求，是每一个人的最大财富，是每一个家庭幸福的基石，是社会和谐进步的重要保障。

（二）

人们常用的获得健康的方式就是运动养生。养生原指道家通过各种方法颐养生命、增强体质、预防疾病，使身心保持健康的状况，继而达到延年益寿的一种传统医事活动。

《黄帝内经》里提到“上工治未病，不治已病，此之谓也。”健康养生运动就是“治未病”的有效方法之一，是主动健康管理的一个重要组成部分。

《鹖冠子·世贤》篇中：“魏文侯曰：‘子昆弟三人其孰最善为医？’扁鹊曰：‘长兄最善，中兄次之，扁鹊最为下。’魏文侯曰：‘可得闻邪？’扁鹊曰：‘长兄于病视神，未有形而除之，故名不出于家。中兄治病，其在毫毛，故名不出于闾。若扁鹊者，镵血脉，投毒药，副肌肤，闲而名出闻于诸侯。”

扁鹊医术名扬天下，但他却说自己是兄弟三人中医术最差的，他的长兄看到别人刚有病气出现的时候就马上采取措施，防止真正形成疾患。而人们却总是认为这样的人没有什么水平，却对那些会操作各种手术、更换人体器官的医生奉为神医。真正的高手总是化解疾患于无形中，不会让疾患真正形成而进一步伤害身心。

中国人的养生文化早已根植于老百姓的日常生活中，老百姓“日用而不知”。自新文化运动以来，我们在大力学习西方先进思想的同时，却丢掉了我们本有的科学养生理念。西方的哲学思想固然有其先进性的一面，例如其在自然科学领域的探索和发现，但我们老祖宗的智慧却在人文科学方面更胜一筹。

《素问·上古天真论》，作为中医学理论之源的开篇，叙述的是上古时期善于养生之道的人取法于天地阴阳自然之道，保养精气神，能够享尽天年，此乃“上医治未病”的结果。而如果人违背这些养生之道，就会“半百而衰”。其说道：

“上古之人，其知道者，法于阴阳，和于术数，食饮有节，起居有常，不妄作劳，故能形与神俱，而尽终其天年，度百岁乃去。今时之人不然也，以酒为浆，以妄为常，醉以入房，以欲竭其精，以耗散其真，不知持满，不时御神，务快其心，逆于生乐，起居无节，故半百而衰也。”

上古时期知道养生之“道”的人通常会借用阴阳生长变化的规律，用一些前人留下行之有效的方法来进行养生活动。良好的饮食习惯可以让我们滋生“气”；规律的起居能让我们养好“神”；不过分地劳碌身体，能很好地保养身体的“精”，身体和精神高度合一，就可以尽终天年。

道家自古以来就崇尚通过自我身心的修炼来祛除疾病、延年益寿，导引吐纳养生之功最为常用，而运动则是人体活动的基本形式，是促进人体组织、细胞新陈代谢和能量代谢的核心机制。

日常中谈及养生运动的大多是年长者，健康养生不是老年人的专利，应该从小抓起。

中国的首部《体育法》于1995年颁布，同年国务院又颁布《全民健身计划纲要》。2008年我国成功举办了第29届夏季奥林匹克运动会。为纪念北京奥运会成功举办，国务院批准从2009年起，将每年8月8日设置为“全民健身日”，我国从此进入了全民健身时代。

根据党的十八届五中全会战略部署要求，中共中央、国务院于2016年10月25日制定并印发并《“健康中国2030”规划纲要》，目的是为了推进健康中国建设，构建主动健康管理体系，提高人民健康水平。

其中说道：“将健康教育纳入国民教育体系，把健康教育作为所有教育阶段素质教育的重要内容。以中小学为重点，建立学校健康教育推进机制。继续制定实施全民健身计划，普及科学健身知识和健身方法，推动全民健身生活化。大力发展群众喜闻乐见的运动项目，鼓励开发适合不同人群、不同地域特点的特色运动项目，扶持推广太极拳、健身气功等民族民俗民间传统运动项目。加强科学指导，促进妇女、老年人和职业群体积极参与全民健身。”

太极拳现已成为一项时尚热门的健康养生运动。据不完全统计，全球约有3亿人在练习太极拳，全国乃至全球的各项太极拳赛事活动不胜枚举。在日常生活中，清晨或傍晚，人们开始在公园、小区偏隅一角或各活动广场上练习太极拳，三五成群，或练习、或切磋、或探讨。大家希望通过太极拳的锻炼能给身心带来愉悦的健康状态。

（三）

人类不断推动着文明、科技和经济向前发展，为我们的生活、学习和工作提供了各种便利，人们可以随时随地学习、工作或消费，人们也已经可以没有昼与夜的概念，古人日出而作、日落而息的日常作息已经不适合当代人们的日常生活工作的需求。

电子信息、电子商务及全网物流的发展，让人们能足不出户就能阅览到各类信息，进行全球购物。而移动互联和一些相关技术的发展，可以让我们现在都不用逛街就可以随时购买各种物品。餐桌上可以有来自全球各地的琳琅满目的水果及美食，而忙碌的人们用餐仅只是用来果腹而已，“以酒为浆”已然成为了社交活动的必备手段，“以妄为常”逐渐成为了一种生活态度。

交通工具和通讯工具让我们的生活、社交、工作更便捷、高效。但似乎我们在日常生活工作中可以活动身体的时间更少了，比如逛街在一定意义上相当于散步。

人们都在尽情享受高科技以及经济发展带来的便捷生活，“不知持满，不时御神，务快其心，逆于生乐，起居无节”仿佛成为了常态，“春秋度百岁，而动作不衰”仿佛早是神话传说，人们越来越少进行运动健身。

人们起初只意识到自己的身体系统会产生病态，继而发现，社会文化也会出现病态的情况。而社会文化的病态亦会导致人群中的某些个体的出现病态反应。例如西式的“快餐文化”导致人们营养过剩或营养不良。在“求快”的生活节奏下，骄躁、抑郁是其呈现出来最普遍的社会病态现象。

我们应该重视社会进步发展带来一些新的社会健康问题，健康、医疗已经成为了我们日常生活费用支出的一个重要组成部分，也成为了全社会亟待解决的问题。健康意识的淡薄，缺乏构建主动健康管理的生活习惯，“法于阴阳，和于术数，食饮有节，起居有常，不妄作劳，故能形与神俱”的健康生活理念已荡然无存，而用于疾患的费用支出让家庭及社会承担着巨大的经济负担。

相关统计数据，居民每年的健康财务支出在日常消费比例中逐渐变大，医疗费用高已经成为困扰社会进步的障碍之一。

根据国家统计局统计数据显示，2011 年全国卫生费用总支出为人民币 24345.91 元，至 2017 年全国卫生费用总支出人民币 5298.28 亿元，人均支出人民币 3783.83 元，城镇居民医疗保健支出为人民币 1777.00 元，目前这个数据每年仍在递增。

正是由于我们平日对健康管理的意识不够，平时没有养成主动健康管理生活习惯，“有病就去医院”这样的健康理念造成了医院人满为患的状况，为此我们国家每年在医疗方面的基础建设上投入大量的财政资金。根据国家数据统计，2010 年全国医疗机构共 936927 个，到了 2018 年全国医疗机构增加 997433 个，8 年来共增长了 60506 家。医院从 2010 年的 209178 家增加到 2018 年的 330090 家。

如果大家都能有“治未病”的理念，平日多加强健康管理，坚持日常运动健身，保持良好的身心健康状态，医院基础设施建设就会减轻一些，医疗高科技领域的资金投入就多一些，我国整体的医疗技术就会大大提高。

随着社会文明的不断进步，发达的医学技术消灭诸多病毒、治愈了诸多疾病，但是新的疾病也在不断出现（如艾滋病、SARS 等），而千年之前就存在的疾病在科技进步的同时不断变异进化出新的品种（如超级疟疾），让医学工作者们忙于应对。

医术治疗的是我们身体的症，治不了“病”。“病”是指我们在日常生活中的不良行为习惯以及心理负面情绪的表现，症只是“病”在人身体上的一种显在的表现方式。

现代健康不是医疗技术的提升，而是自我积极的健康管理，养成良好的日常生活行为习惯，保持每天的运动健身活动，以此减少疾病的产生，使人体主动获得持续的健康能力，拥有愉悦的身心状态和良好的社会适应能力。而健康是我们开展一切社会活动的基石，没有健康的身心，我们的学习与工作很难持续，拥有健康的身心是我们的重要目标之一。

人类社会的发展，必然前提是健康——生态的健康、社会的健康、人的健康。

四、健康远离我们的原因

（一）

通过调查、研究、分析发现，日常中能够一直坚持不断练习太极拳的人主要有两类：有需求和有兴趣。

现在的文明和科技还没有达到让人不生病，或是所有的疾病都能得到有效治疗的超级发达的社会文明阶段。无论是中医还是西医的治疗体系中，能完全治愈的疾病是有限的。加上生态环境的持续恶化，各不同文化融合出现的冲突，各类新的疾病又不断产生，医疗系统总是在面临新的课题和巨大的挑战。

对于大多数疾病的治疗，医院里直接有效的药物，也只能恢复到原健康值的80%左右，而更多的疾病是没有直接有效药物的。而剩下的20%还是需要我们调节自身的免疫力以及新陈代谢系统来完成康复。

身有疾患的这类人群就希望通过太极拳的持续锻炼能给他们的身心健康带来积极的作用。传统太极拳运动在疾病健复方面有着显著功效。

另外一类人感兴趣的是太极拳文化。这类人群在研读中国传统文化的起源及发展的道路上，探寻中国传统文化的思想脉络。从传统文化以及传统太极拳的文化里汲取中华文明的文化精髓，培养传统太极拳独特的整体认知思维形式，将传统太极拳文化的思想智慧应用在工作和生活中。探讨传统太极拳文化的内涵——“阴阳”“刚柔”“动静”“虚实”“中正”，从中寻找传统太极拳文化的思想乐趣，营造愉悦的太极生活，而正是这种身心的愉悦，可以很好地提高生命的健康质量。

这两类人群都有一个共同的目标，那就是通过传统太极拳的练习促进身心健康，继而追求更愉悦的生命品质。太极拳不但具有武术技击和养生健康的功能，还具有文化修养功能，让我们能正确认知和处理事物。可以说，认知错误也是病。

要想了解传统太极拳与身心健康之间的奥秘，首先应该了解身心疾病的产生因素，知晓是什么原因导致我们的不健康，然后采取一些必要手段或方式进行规避，最大程度减少这些因素给身心健康带来的消极负面影响。

（二）

中医学是传统太极拳的理论体系的重要构成部分。中医学在中国历经几千年的发展而形成的一门具有独特理论体系和丰富的诊疗手段以及养生方法的传统医学，是中华民族的子子孙孙长期和疾病作斗争的经验总结以及科学验证总结。

中医学认为人体各脏腑组织之间，以及人体与外界之间，维持着一种相对的动态平衡，从而保证人体持续进行正常的生理活动。当这种动态平衡从在内部之间，或是内部与外部之间遭到某种因素的破坏，导致平衡被打破，而又不能立即恢复正常有序的状态时，人体在这个时候就被定义为“病”的状态。

中医学认为“阴平阳秘，精神乃治”，人体内的阴阳气血在一个相对平衡的状态下，才是人体机能健康的表现。

自西汉时期后，中医学开始在官方管理下摆脱前期的宗教色彩，逐步在人文理性基础上进行系统化建设，从事医事活动的人大多集中在官方的机构里从事中医学理论研究与施诊。医圣张仲景曾任长沙太守，他在《金匮要略·脏腑经络先后病脉证》中这样总结：“千般疢难，不越三条。一者经络受邪，入脏腑，为内所因也；二者四肢九窍，血脉相传，壅塞不通，为外皮肤所中也；三者房室金刃，虫兽所伤，以此详之，病由都尽”。

到了宋朝，永嘉医派创始人陈言（字无择），在《内经》和《金匮要略》著作中有关病因理论的启迪下，结合临床治疗详尽地阐述了“三因学说”。在其著作《三因极一病证方论》中这样阐述影响人体疾病产生的因素：

“凡治病，先须识因，不知其因，病源无目。其因有三，曰内，曰外，曰不内外。内则七情，外则六淫，不内不外，乃背经常，《金匮》之言，实为要道。《巢氏病源》，具列一千八百余件，盖为示病名也，以此三条，病源都尽，不亦反约乎。”

他总结导致人体产生疾病的原因有三类。

“曰内”就是指构成我们的人体的五脏六腑因“七情六欲”所扰，导致我们的气血不畅或紊乱产生的症状。如性情急躁引起的肝火旺或诸事不利引起的郁结，思虑过多、顾虑重重引起的五谷不化，过度悲伤出现的气虚气短等等。人体是通过以肝、心、脾、肺、肾五脏为中心的生理系统来进行调节和平衡，使生命处在健康状态的。

“曰外”就是指构成我们人体的经络受到外邪“六淫之气”的的侵入，导致经络受到干扰，阴阳不调，壅塞不通，继而更深一层伤害脏腑。

“不内不外”就是指除内因外因以外导致我们身体出现不健康症状的因素。如日常生活中的暴食暴饮、熬夜、作息无常、虫蛇外伤、环境污染、声光电的干扰等。

“六淫”就是中医学基础里面所提出的“风寒暑湿燥火”六淫之气，“七情”即是“喜怒忧思悲恐惊”。六淫之气是自然界普遍存在的六种气候变化，也是由阴阳二气交感而产生的。

中医学认为人所居之位，是在天地阴阳二气交融的位置，人居其中，谓之“气交之地。”人类长期生活在自然界中，一般情况下能很好地适应四季的气候变化，但如果不能把握时机适应变化，或气候变化异常，就会导致人体疾病的发生。

六淫之气是阴阳二气在四季不同的季节更替中变化出来的，有一定的地理和时间因素。地处南方和北方，因为纬度不同，春夏秋冬所产生的六淫之气也皆不相同，东方和西方的气候特征也不尽相同。

风为百病之长，主春季之气。《生气通天论》中说：“故风者，百病之始也，清静则肉腠闭拒，虽有大风苛毒，弗之能害，此因时之序也。故病久则传化，上下不并，良医弗为。”风是引发人体各种疾病的始因。但人若能精神清静，意志安定，我们的肌肤、腠理就可以密闭起来，即使有了大风和毒邪之气，也不会给我们的身体带来疾病伤害。如若我们的思想不够安定，一惊一乍，神志涣散，气也就会散，腠理缺乏神志的制约就会打开，风邪便乘虚而入，侵扰我们的机体。

风邪通过皮肤、腠理侵入人体。如果在肌表时没有及时祛除，那么风邪就会进行更深层的传导。腠理→经脉→脏腑。风善变，风邪干扰了体内的气机正常的升降出入，那么就会导致疾病的产生。

风是日常生活中对我们人体产生伤害最常见的外邪。除了自然界的风，还有坊间的穿堂风、楼道口的风、室内的空调系统等产生的冷气，在养生学说里，这些都属于邪风。

寒为阴邪，冬天之主气。冬天之时，天地阴阳之气别离，阳气收而阴气盛，阳气不足而气候寒冷，此时人体的表层的卫阳之气感受到外界的寒冷就会郁滞，循环不畅，抵御外界的寒邪相对就弱。寒邪进入体内中伤体内的阳气，体内产生寒湿凝结，导致经络不畅通，影响气血流通，产生疼痛和麻痹感。

暑是夏季的主气。夏天天气炎热，地中火热之气上腾，阳气夹杂着湿气，暑邪由此而生。在高于人体体温环境下，一般会导致人体出现中暑情况，伤耗津液；还会出现湿阻症状，易伤元气。

湿为长夏之主气。中医学把一年分为五季合五行。一般认为长夏为夏末秋前之间的一段时间。这个时间段，雨水充沛，空气湿度大，是地上的湿气蒸腾上升的旺盛之际。中医学基础理论中脾脏对应长夏季节。人体的脾脏喜燥恶湿，湿气通常伤脾，经络中湿气过多也会影响经络中气血的流通，还影响三焦系统的正常运行，人体免疫力受影响大幅下降。

燥为秋天之主气。天地阴阳开始分离，空气中湿度降低，干燥的气候会伤及人体的津液和肺脏，肺脏喜润恶燥。燥会引起皮肤干燥、呼吸道疾病、容易上火。深秋之际，温差较大，运动时汗液会迅速带走体表热量，风邪会迅速窜入腠理，秋天更容易受到风邪侵蚀。

火亦为夏天之主气。火一般是由身受感风寒暑湿燥邪侵袭之后在体内转化而生，在大多数情况下会产生热毒，使人面红目赤、口舌生疮、便秘等。

六淫之气侵袭人体后，会破坏体内原有的平衡，导致正常的生理机能被扰乱。体内正气不足而不能迅速调节平衡时，身体就会有病症反应。

《景岳全书》说："凡风寒暑湿火燥，气有不正，皆是也。"风寒暑湿燥火都是不正之气，都会对我们的身体有负面的影响。

一般情况下，人体内的正气能抵御六淫之气对人体的侵害。如果体内正气不足或是六淫之气变化过大（骤冷骤热）时就会对人体产生侵害。所以我们日常生活中要防止六淫之气长时间对身体的侵蚀而造成疾患，《黄帝内经》说"虚邪贼风，避之有时。"

（三）

七情（喜怒忧思悲恐惊）是人在日常生活中精神意识活动的一部分，中医学认为七情也是由人体内的脏腑之精气所化的外在表现。在藏象学说里面，人有五脏化五气，七情归为五种情志活动表现——喜、怒、悲、思、恐。心主喜，肝主怒，肺主悲，脾主思，肾主恐，而人体的正常生命活动是以脏腑为主导进行的。

情志表现为人的正常心智活动，但是如果活动过度则会失调，继而扰乱气血的正常运行，伤及脏腑。

《医学真传·七情内伤》说：

"喜、怒、忧、悲、思、恐、惊，谓之七情。七情通于五脏——喜通心，怒通肝，悲通肺，忧、思通脾，恐通肾，惊通心与肝。故七情太过，则伤五脏。七情内伤，则有所亏损，疗之不易也。须识其何脏独伤，观其色，察其脉，验其形神，详其太过与不及，而后调济之。其惟智者之能事乎！"

心为"君主之官"，主喜，主全身的血脉和神志，人情志中欢喜的活动过度就会让心气涣散。心藏神，过喜还会让神不守舍、心烦心燥、狂言乱语、失眠多梦。如果心气不足，就会出现心悸气短、胸闷胸痛、精神萎靡不振等症状。

肝为“将军之官”，主怒，主疏泄，调节情志。中医学认为过度的怒气会导致肝气上逆，肝火上炎，耗伤肝血。肝为木，心为火，木生火，肝火上炎继而导致心智混乱。肝气虚，则会导致气机郁结，抑郁易怒，肝气紊乱还会伤及脾胃。中医有一个病症叫“肝胃不和”，肝气伤了脾胃后，就会影响人体的消化功能，还会形成睡眠障碍。肝脏在西医学体系里面是人体一个最大的消化腺，是体内新陈代谢的中心站，主要进行三大营养物质——糖类、脂肪、蛋白质的代谢。肝脏还是人体的主要解毒器官，在代谢过程中，血液里的一些有害物质及微生物抗原性物质将在肝内被解毒和清除，保护机体免受损伤。

肺为“相傅之官”，主悲，主管人体的呼吸和辅助心脏调节全身气血等脏腑的生理功能活动，推动人体气血循经走络而散布全身，促进和维持体内水液的代谢平衡，以及控制皮肤的开合，维持体内外的温度平衡。中医学认为过度的悲伤会耗伤肺气，肺气虚弱，元气亦虚，畏风怯寒，伤风感冒，自汗盗汗，体内水液不畅。

脾为“仓廪之官”，主思，为人体的“后天之本”。主管人体的食物运化，统摄血液，主体内的升举之气，主肌肉及四肢行动能力。中医学认为过度的思虑，会导致脾失健运，水谷运化、造血统血减退、气血两虚、体弱无力、中气下陷、懒言倦怠。

肾为“作强之官”，是主恐，为人体的“先天之本”，主藏精纳气和生殖，过度的恐惧就会伤及肾脏的精气。肾藏精纳气，为五脏之主。中医学认为我们人体先天之精和先天元气就藏在肾脏里，是促进我们身体发育、生殖的重要物质。肾主纳气，人体吸气的能量来自肾，肾中的阳气可以将肺内吸入之气下达于肾，更好地吸收空气中的清气，同时不至于气上浮而致人喘息。肾气虚弱，人体的生长发育、新陈代谢都会受到影响，还会导致畏寒肢冷、腰背痛、健忘失眠等症状。西医学研究发现，肾脏是人体重要的排泄器官，也是一个内分泌器官，能合成和释放多种生物活性物质，参与动脉血压调节以及钙吸收，参与局部和或全身血管活动调节。当然中医的肾是指以肾脏为中心的一个系统，而西医的肾脏，主要是指肾这个器官。

情志是我们每个人日常情感的外在表达，其表达的程度会影响我们身心的健康状态。

《素问·举痛论》中说：“怒则气上，喜则气缓，悲则气消，恐则气下，寒则气收，炅则气泄，惊则气乱，劳则气耗，思则气结。”内经认为人的各种情志活动的偏颇表现就会扰乱体内气血的正常运行，逐步就会产生疾病。

日常工作生活中适当地进行情志活动表达，有益我们的身心健康。譬如遇到有矛盾冲突的事情，当我们不能容忍的时候，适当的发火释放一下，也未尝不可。不要一直记在心中，闷闷不乐、抑郁寡欢，或遇到事情就发火，这都是不益于身心健康的。无过不及，凡事有个适度的把握，管理好我们的情志，有助于管理好我们的健康，情绪的管理也是主动健康管理的一个重要组成部分。

《素问·阴阳应象大论》说："天有四时五行，以生长收藏，以生寒暑燥湿风，人有五脏化五气，以生喜怒悲忧恐。故喜怒伤气，寒暑伤形，暴怒伤阴，暴喜伤阳。厥气上行，满脉去形。喜怒不节，寒暑过度，生乃不固。故曰：冬伤于寒，春必温病。春伤于风，夏生飧泄。夏伤于暑，秋必痎疟。秋伤于湿，冬生咳嗽。"六淫之气、七情之病，都是我们在日常生活中会遇到的一些影响我们身心健康的消极因素，所以在主动健康管理过程中要详细了解，认真对待，才能获得持续的健康。

（四）

伴随社会的发展，不同文化之间正在融合，如城镇化、国际化。这个过程中出现一些新型的不利因素也会导致人体产生一些疾病。如声光电的污染以及生态环境的污染，产生的诸如噪音病、放射病等。

人体的生命活动是一个极其复杂的系统，这里不着重讲中医的病因病机，只是将这些日常影响人体身心健康的内外因素概括阐述一二，而它们之间的影响也并不仅仅是这么简单的关系。我们在这里只是作为生活常识来了解一下，因为传统太极拳理论体系里面应用了中医学的理论，我们也应该知道日常生活中的哪些因素不利于我们的身心健康，我们要如何避免，或是一旦受到侵扰，初期我们可以运用怎样的手段（例如太极拳运动）来进行自我调节甚至自愈。

西医学也是现代健康管理体系中的中坚力量。西医学在经历了神灵主义、自然哲学、机械论到生物医学模式后，已发展到现代生物-心理-社会医学模式。医疗模式从以疾病为主导转变为健康为主导；从以医疗机构为基础转变为社会为基础；从依靠专业的医疗人员为主转变为全社会、多科学共同参与；卫生保健从关注个体发展为关注群体。疾病的防治重点不仅是躯体疾病，也需要重视与心理、社会和环境因素密切相关。

西医学发展到今天，不能仅仅把疾病从生物学领域进行分析诊断，要综合考虑心理因素、社会因素等诸多方面的影响。当然，社会因素也不仅仅是指人文，还包括自然环境。治疗机构及治疗手段也不再仅仅限于专业的医疗机构和医疗手段，需要全社会和多领域学科的共同参与，这才是一个理想的健康社会。无论是中医还是西医，都一致认为合适的运动能有效减少疾病的发生，在疾病痊愈后也可以很好地促进康复。

中医、西医是诞生于不同社会文化环境中两种不同风格的医学体系，都具有千年的历史，在人类的发展史中都有不可磨灭的功勋。两者各有所长，应相互学习，相互融合，扬长避短，以兼容并包的态度来看待中、西医体系的发展和成长，共同维护人类社会朝着安全、健康、文明、道德的方向发展。

附文一

传统太极拳运动中对气的认知

在现代高度发展的社会中，现代科学一直不断地在求证经验科学中大量的存在的事实，比如，中医体系关于人体中“气”的存在。“气”在中国文化中的许多方面有着至高无上的注解，但是在现代科学体系下还无法系统完整地解释。

中国传统文化中认为气是精细而活力很强的一类物质，是维持人体生命活动的主要物质基础。《素问·六节藏象论》说：天食（音义同“饲”）人以五气，地食（音义同“饲”）人以五味，五气入鼻，藏于心肺，上使五色修明，音声能彰，五味入口，藏于肠胃，唯有所藏，以养五脏之气，从而维持机体的生理活动。所以说气是维持人体生命活动的主要物质基础。

气的生成和来源有先天和后天两个方面。一方面禀于父母的肾气，另一方面又不断充实从消化系统吸取来的水谷之气。藏于肾中为先天之气。如水谷之气加清气，就是后天之气。如《灵枢·营卫生会》说：“人受气于谷，谷入于胃，以传于肺，五藏六府皆以受气。”先后天之气结合起来，就生成为人体的真气。如《灵枢·刺节真邪》说：“真气者，所受于天，于谷气并而充身者也。”天，在此指先天。谷气，是后天之气中的一部分。《医宗金鉴·删补名医方论》说：“故后天之气得先天之气，则生生而不息；先天之气得后天之气，始化化而不穷也。”

气有六大功能：

（1）推动作用；

（2）固摄作用；

（3）营养作用；

（4）温煦作用；

(5) 防御作用;

(6) 气化作用。

气又分成真气:先天为元气;后天为宗气、营气、卫气,合脏腑之气、经络之气,分布式、有机地结合起来,即成为脏腑经络之气。

在对“气”的理解方面,中医对气的认识比西医更加深刻一些,“气”本为中医的专有名词,有广义和狭义之分。广义指自然界我们所需的气体(如氧气),此气体在中医和西医方面认识完全一样;狭义指的是脏腑的功能,在这方面,西医没有明确的内容。

传统太极拳是在轴核心(丹田气)作用下的四平八稳、八面支撑。重心力移动是:气血在人体大小肌肉群、深层浅层的肌肉群、内层外层的肌肉群以及筋腱中均速运动,筋骨相合产生全身缠丝动能力。缠丝动能力在意识带动下协助气血在全身内有意识地流动,或暂缓,或加速。时而在重心点“松沉”(人体的重心点,虚实中的“实”)暂缓或加速流动的同时将自身的身体重量形成一个整体的拮抗肌肉作用,再加上重力(松沉核心力)由(丹田)涌动呈万向球笼式螺旋缠丝发出,在完整、移动、松沉转换重心后在人体局域空间内由人意识指挥下汇聚发力于一点打击。

传统太极拳强调下盘虚实分明,以丹田为核心,缠丝旋转产生动能,带动以脊椎为中心点,以丹田为核心源点螺旋缠丝气路左右、上下、前后,以及45度角左上至右下角返回上升及相反方向同理360度旋转。在传统太极拳中每一个动作中都要体现出虚、实,虚中实,实中虚。重心点和面,即人体旋转到一侧式时瞬间松沉四个重心点,肩、胯、膝、脚下成面承载传导地面,从而重心稳固。如传统陈氏太极拳中,金刚捣碓是由八个圆弧、三个小圆弧,向不同方向运动组成。每个圆弧动作都要丹田旋转为动能,左右肩、胯、膝、脚重心点成面。

经络是人体运行气血,联络脏腑,沟通内外,贯穿上下的径路。经络系统中有经气循环传注,昼夜无休止地进行着如环无端的活动。对全身所有组织、器官的功能,起着一定的动力作用,同时通过经气的运行,人体各部的机能活动都得到了适当地调节,从而整个机体保持了协调和平衡。故在生理、病理和治疗等方面,都是密切联系着的。

经络中的经气源于脏腑之气,所以经气的虚实又决定于脏气的盛衰。从这一生理联系,可以体认到经络与脏腑之间有标与本的关系,两者是密切联系而不可分割的。

经络系统是由十二经脉、奇经八脉、十五络脉和十二经别组成。

十二脏腑所属的十二经脉，每一脏腑都各系一经，分左右循行于头面，躯干以及四肢纵贯全身上下，为经络系统的主体，故又称为十二正经。十二经中又有阴经、阳经的区别。阴经属脏络腑，多循行于四肢内侧及胸腹部位，其行于上肢内侧面的为手三阴经，行抵下肢内侧面的为足三阴经。这就印证了，陈氏太极拳上肢小缠丝气的运行轨迹符合中国中医理论的事实。

传统太极拳是中国传统文化的一个重要载体，蕴含着深厚的古典哲学思想，它依据太极阴阳之理创编，是宝贵的历史文化遗产，是中华民族辩证的理论思维与武术、艺术、气功导引术的完美结合，是高层次的人体文化。其拳理来源于《周易》《黄帝内经》《黄庭经》《纪效新书》等中国传统哲学、医学、武学的经典著作，并在长期的发展过程中又吸取了道、儒、释家等文化的众多内容，成就为一种精粹的传统文化。

传统太极拳的所有招式都包含阴阳互化，达到精神、思想、人文、行为、行动。坚持练习传统太极拳不仅带来精神上的放松，还有四肢百骸的协调、统一，精神高兴，身体愉悦。

（魏振义，陈氏太极拳第十九世掌门人陈小旺老师亲传弟子，世界陈小旺太极拳总会沈阳分会会长）

五、我们为什么选择太极拳

（一）

生活中的运动健身方式，大概分为两类：一类是代表着西方文化的健身房运动；另一类是有着东方特色的导引吐纳运动。

东西方不同的社会文化环境，造就了东西方人不同的特质。

一个人的特征由两方面构成：一是生物基因；二是文化基因。

生物基因是父母给予的，决定你和父母之间的生物基因遗传关系。父母的一些体态特征以及一些性格特征，属于先天因素，在中国传统文化中属“阴”。

而文化基因是后天的，受成长环境的影响，其中社会文化起主导因素，属“阳”。比如，一些中国人种基因的婴儿，出生后成长在西方，长大以后，他们同自己在中国三代以内血缘关系的亲人们看上去，总会有很多不同之处。能看出在西方成长的孩子明显带有我们在电视或其他媒体中看到的西方纯正血统人的某些体态特征。甚至有一些青年学生时代去西方国家留学，在西方生活几年后，相貌特征也会有趋于西方人特征的变化。

正是因为有了东西方文化的差异，大家在选择上也要因地制宜，正如俗语常说的“一方水土养一方人”。

在东西方日常生活中有一个大家都很熟悉且争论不休的话题——饮水。西方人日常都是饮用冰水，而我们东方人基本都是饮用开水或温水。各有各的生活习惯，西方人的体质已经习惯了日常喝冰水的行为，而东方人长期模仿西方人喝冰水的话，大约在半年后，身体就会有不良反应。医学发现，一些移民到西方的东方人，在半年后会出现一种病症——花粉症，亚裔移民在西方移民人群中花粉症患者居多。这种现象不仅出现在西方，并且在慢慢接受西方文化影响的日韩也逐渐变多。一些中医学专家认为人体若长期饮用冰水，会致使我们的免疫力下降，从而患上花粉症。当然，也有一小部分人因体质原因饮用冰水不会产生花粉症的情况。

东方人运动完后还要喝点热水，让体内的新陈代谢再延续一段时间；而西方文化中运动后充斥着各种冰饮解渴降温。身边有很多运动完喝冰饮的大学生，一般都是半年后，就会有各种不良症状，特别是女生痛经现象更为突出一些。

冰饮可以喝、可以吃，不然夏日炎炎的生活也会少了乐趣，但是建议不要在剧烈的运动后大口吃，也不要在烈日暴晒大汗淋漓后大口喝，稍微缓一口气，再慢慢地吃、喝。中医学认为暴饮暴食冰饮极伤人的阳气。

东西方不同的地域文化让各自身体特质产生本质的区别。

我们的骨骼、肌肉及人体各系统在历经几千年的发展变化后，与西方人存在着巨大的差异。

正因为我们有着东方人的基因，我们又生长繁衍在这片东方的土地上，所以我们选择诞生于东方文化中的健身活动项目会更加适合一些。

我们不能说东方就是最完美的，也不能说西方就是最科学的。只有适合我们自己的才是最好的。

西方文化建立在自然科学基础之上，东方文化建立在人文科学基础之上。西方文化擅长研究个体微观指数，东方文化讲究整体关联。

西方的健身运动是建立在解剖学的基础之上的，通过了解人体肌肉、骨骼、关节结构为主导，其健身运动目的是以加强生理机能和增强身体的肌肉纤维为主，强调局部的爆发力、柔韧性、协调性，以及骨骼的骨密度。

在西方的健身运动中，心率指数和肺活量是其运动测评的重要指标，西方为此曾提出过“心率 130”的运动理论。这个理论认为心率低于 100 次以下，几乎就没有锻炼效果。如果在 130 次左右，身体感觉很舒适，并且第二天体力充沛，说明强度刚刚好。如果第二天身体不适，说明强度太大。

东西方的健身运动还有一个重要指标差异，那就是肺活量。一般正常成年男子的肺活量约 3500~4000 毫升，但是如果经常运动的话，肺活量可以达到 6000 毫升左右，女性略低一点。西方健身运动是通过肺部的肺活量来提高氧气输送以保证摄氧量；而东方的健康养生运动则是通过练习丹田的呼吸方式（腹式呼吸）来提高运动中的含氧量以及代谢的有效率，即最大程度摄取每次吸入空气中的氧气和最大程度排出体内二氧化碳。

（二）

在气息方面，西方的运动锻炼肺活量的大小，东方的运动讲究的是气在体内经络与脏腑间运行的强壮与通畅。

中国古代道家养生著作《灵剑子》说：

“凡欲胎息服气，导引为先，开舒筋骨，调理血脉，引气臻圆，使气存至极力後见焉。”

就西方的运动方式而言，健康的运动方式是“有氧运动”。而西方的大部分运动都属于无氧运动，只有极少数运动属于有氧运动。无氧运动只能说是锻炼，而不是健康养生运动。

东方的养生健身运动（以太极拳为例）以经络理论为基础，强调“天人合一”的哲学思想。我们的运动结果不仅仅是骨正筋柔，还要有脏腑、经络、气血等的整体参与，强调的是周身的协调性和柔韧性。东方养生运动更加贴切与人体的正常生命活动相关，不单是强调局部，更协调五脏六腑、四肢百骸整体的机能。肢体和意识的导引吐纳到天人合一，关注人内在“精、气、神”的修炼与外在和大自然之间的统一、变化、协调。

同样是有氧运动，太极拳与我们日常最常见的快走锻炼方式相比，优势是身体机能参与更全面一些。不是说快走不好，或是没有益处。快走当然要比待在室内不运动这种生活方式要健康很多。只是说，快走相对于太极拳运动来讲，花同样的时间，身心健康受益却大不相同。同样的时间精力，太极拳更有益于身心健康。

传统太极拳是一项“以丹田为核心，一动全动，节节贯穿，一气贯通”的运动，讲究身体的整体性运动。通过传统太极拳的“一动全动”，以运动系统带动人体全身系统进行整体配合协调，运动锻炼的范围更加全面，周身气血也得到了更充分有效的运营。

传统太极拳是一项很严谨的武术运动系统，创拳的理论体系含有武术技击和养生健康、文化思想的参照，只是随着社会文化及科技的进步发展，技击的方面被逐步减弱保留，而根据当下人们的需求，其健康养生这一方面的功效在大力弘扬。

而相对于西方健身运动的“动中练”，中国的传统太极拳是一项“静中养”的健身运动。

受西方“快餐文化”的影响，社会中流行着一种急躁的风气，人人都追求速度，追求短期见效。殊不知，我们的身体出现负面的健康状况，不是在短时间内产生的，可能是长期的不良习惯和行为造成的，想在一朝一夕内把问题解决掉，这是不太现实的事情。

当然西方“外科手术”般的方法固然立见成效，但始终没有从根本上解决，只是很快的把表症暂时去掉而已，内在的问题有时依然存在。

站桩算是太极拳运动体系中最静的一个训练科目，人体按照标准身法要求站定后，十分钟左右就开始能感觉身体的热量在增加、流动。在经过长期的这种无任何负载练习的情况下，人体四肢的筋骨就会有力量的增长。中年人在缺乏有效锻炼的情况下，一般下肢力量较弱，这个现象在女性中尤为突出，经过三个月的传统太极拳站桩锻炼后，下肢力量就会有大大增强，这也是我们中国传统运动项目的过人之处。

传统太极拳在辅助疾病后期的康复以及术后身体元气恢复方面是非常有效的复健手段。

一些慢性疾病，需依靠长时间的复健锻炼，慢慢恢复至正常状态，如日常所见的“三高”、神经传导障碍，还有一些老年病等。

常见的糖尿病，目前尚没有药物可以完全治愈，只有调整饮食和适宜的运动才能使体内尿糖值保持在正常水准逐渐恢复体内代谢能力。国内一些中医药大学研究生做过很多类似的研究，证明练习太极拳在Ⅱ型糖尿病恢复过程中有着的积极作用，如南京中医药大学的研究生唐渊博。日本学者雨宫隆太也发表过太极拳用于糖尿病、慢性闭塞性肺病以及帕金森氏症状辅助治疗产生显著效果的著述。

有一些需要最大限度调动体内气血运行来辅助治疗的疾病，不能进行高强度的锻炼项目，传统太极拳在这方面的表现就极具优越性。传统太极拳可以用最小的气血消耗来带动周身经络气血的运动，内壮脏腑，外壮筋骨。比如，大病初愈或心脑血管疾病的康复，需要通过一定的运动锻炼来积极促进，病人身体很弱，不能进行大幅度的动作，一般的运动项目，如果强度达不到，带来的康复效果又微乎其微，动作大了，病人身体又受不了。这个时候太极拳就有无可替代的优势，轻轻地动，慢慢地动，也可以极大地调动体内的新陈代谢，积极有效地促进康复，这些优势的例子在太极拳运动中有很多。

（三）

随着国家对太极拳的各种宣传及一些中国太极拳名家在西方国家的推广与普及，西方越来越多的人群对太极拳有了新的认知，一些人或一些医疗相关机构也开始慢慢研究传统太极拳，西方人称太极拳为“最完美的运动”。

西方关于太极拳的健康益处的研究已经颇具成效。西方人对太极拳的了解相对有限，对其技击层面关注较少，而更多地关注其健身价值。在《免疫学前沿》（Frontiers in Immunology）学刊上的一篇文章又为太极拳所能带来的健康利益提供了新证据。他们将太极与冥想、气功等并归为“身心干预技术”（MBIs）。Buric et. al（2017）的研究证明，太极等“身心干预技术”（MBIs）不仅能帮人放松，更能逆转我们基因中那些能引起抑郁症的分子反应。一项发表于《英国运动医学杂志》（British Journal of Sports Medicine）的回顾研究表明，太极对于治疗癌症、骨关节炎、心脏衰竭和慢性堵塞性肺病等四种慢性疾病具有温和的疗效，将来或被用作一种“处方药”。

加拿大英属哥伦比亚大学的研究人员称，该研究针对以往 33 篇共涉及 1584 名参与者的研究作了系统回顾和分析，发现太极这项古老的中国艺术可以提高身体活动能力和生活质量，有助于缓解关节炎引起的疼痛和僵硬，且比其他措施更有效。太极拳还有助于改善慢性堵塞性肺病等肺部疾病，对于患有乳腺癌或者心脏衰竭的人来说也有改善作用。

对于长期消化系统不良症者，太极拳也是很有效果。太极拳中的身肢上下、左右旋转的运动方式，按摩刺激胃和肠道，促进副交感神经的兴奋，增强消化系统的分泌与代谢能力，进行充分有效的消化吸收和排遗。

对于亚健康类疾病，大多数医生建议自行在日常生活中调整心态及饮食起居习惯进行康复，传统太极拳就成为了他们优先选择的一项日常康复运动需求项目。在调节人体气血阴阳平衡中，传统太极拳是非常有效的运动方式。

欧美和日本一些机构对传统太极拳的医疗价值做了大量的课题研究，已经制定出了很多行之有效的传统太极拳运动处方，积极地肯定了传统太极拳的医疗价值。在这些方面，欧美和日本比我们做的要积极、认真很多，而传统太极拳也成为他们“代替医疗协会”中一项重要的组成部分。

太极拳刚开始练习时，不太容易产生兴趣，但只要能坚持一个月，就会感觉到身心开始有些愉悦，这个时候运动兴趣就来了。这是传统文化的魅力，是太极拳的奇妙之处，也是我们选择练习太极拳的原因。

人们总是向往有品质的生活，那么健康运动应该是组成我们日常生活的一部分。选择一项长期坚持的健康运动，是高品质生活的保障，家庭幸福的前提，社会和谐安定的基础。

附文

如何进行日常运动的选择认知

对于各项运动，本人还是比较有发言权的。由于从小养成的习惯，运动成了我生活中不可或缺的部分。从 12 岁开始，每年我坚持锻炼的时间不少于 200 天。因此，对于各种运动形式，本人皆有切身的体会和心得。

2017 年以前，和我身边的其他人一样，我所选择的运动形式也是随着时代和潮流在走，因为工作的原因，运动形式的选择也是因时而异，因地而异。工作忙的时候，我会在周边选择跑步、健走、太极这些不太受场地和器械限制的方式，略微闲暇的时候，游泳、高尔夫球、羽毛球、篮球、自行车、器械、瑜伽等我也均有深度的涉猎，而且每种运动持续时间均在两年以上，最长的坚持达十年之久。

2017 年下半年，本人停止了其它的锻炼形式，除了健走以外，主要以研习太极拳为主。虽然从师的时间不算长，但是由于每周研习至少 10 个小时，因而还是颇有收获。通过本文，本人希望粗浅地表达一下对于太极拳的认知和自己两年来的收获，尤其是想阐述一下太极拳和时下流行的其它运动形式的不同。

传统太极拳是根植于中国传统文化的一种运动形式，其主旨是“道法自然”，更注重与环境的和谐，保持对自然的敬畏之心，效法自然的运动方式，以圆运动为主，在自转、公转的过程中，通过拉伸、折叠、扭曲强壮筋骨，运动五脏六腑，运用动静结合的形式，调神修身，动中求静，结合吐纳的调控，寻求阴阳的平衡和与自然的沟通。另外，强调对于锻炼时间，锻炼地点和锻炼方式精心挑选，以期做到“天人相应”，不同的季节、不同的年龄、不同的身体状态都有着妥帖的安排。

传统太极拳的这种效法自然属性使其以调神、强身为主，健体为辅。

假以时日，你就会发现日常生活中身体开始发生变化。首先，通过桩功的练习，调节心性，升清降浊，尤其克服当今社会的浮躁症，提高定力、专注力，对于处理日常生活工作和学习帮助极大。在缠丝功的训练中，体会常年累月于周身中积累的僵、强、硬，通过对意识和身体的放松和调控，改变过去上实下虚的积弊，以达到上则神清气爽，下则稳健轻快的境界。套路的演练是趣味横生的，长期坚持练习能让自己筋脉通达、呼吸深沉、荣卫调和、焕然一新。传统太极拳对于身心的改变是在无形中逐步发生发展的，这种前人至高智慧的结晶不仅有益于古人，更造福于当下，尤其是针对当下生活习惯西化，新科技新技术对于日常作息所产生的负面影响，其作用仍然不可小视。和本人同期习练太极拳的，只要坚持多达半年以上的，无不变化显著，身心受益。

下面关于如何练传统太极拳，我也简单地谈谈自己的体会。

首先，中国文化中有一个“缘”的概念始终贯彻其中，所谓“有缘千里来相会，无缘对面不相识”。传统太极拳其实就在我们身边，关键看你有没有这种机缘。和传统太极拳的结缘，本人认为就是修炼者需要有一定的中国传统文化的根基。没有这种根基就体会不到传统太极拳的“博、妙、巧”，相反还会和时下的竞技类搏击相提并论，进而嗤之以鼻，实在是肤浅之至。

其次，习练传统太极拳需要有充足的思想准备。我们经常讲太极拳是“贵族运动”，需要有心境和时间作为基础，需要有持之以恒作为条件。传统太极拳不像其他西式的锻炼方式，容易上手、见效快，一定要假以时日，逐步沉淀，变化于无形之中。没有这种心理准备贸然开始，是无法坚持的。另外初心也需要正确，如果以时下流行的减肥、美容、美体为出发点，断不会善终。

再次，太极拳一定需要有专业人士的指导。杨露禅偷师学艺，自创门派，遂成大家的典故虽然家喻户晓，但是不可妄断自己可以自学成才。任何技艺的传承迭代积累了无数人的智慧，非你我可以轻视的。现在人对于技艺和师承缺乏敬畏之心也是不得其门而入的重要原因。审慎地选择师承并且持之以恒地潜心学习也是太极拳学习中需要面对的。

同时，一旦开始习练，就需要有合理的时间安排。本人的建议是每天一个小时，周末适当延长。传统太极拳与其说是师傅的教授，不如说是自我的修炼，需要有时间的保证。传统太极拳看似轻柔飘逸，实则法度严格，既需要反复锤炼，还应用心揣度，于一招一式中体会其深意。

还有，传统太极拳的习练中还应戒“贪”，需要在专业人士的指导下制定循序渐进的计划。基本功和套路如何穿插进行，套路如何由简入繁，每个套路时间如何把控，瓶颈如何突破等均需要合理安排，切不可盲目冒进而生“轻慢”之心，或者因遭受挫折而生“嗔疑”之心。

最后，我对传统太极拳的认识不仅仅是一种技艺，一种强身健体的手段，更是一种思维方式的锻炼，一种生活方式的选择。中国的传统文化向来强调“文武德行”兼修，从太极拳这个点延伸扩展开来，他和中国传统文化的“儒释道”的道德思想，和阴阳五行的哲学视为皆同出于一脉而又千丝万缕相连，入其门则天地阔，得其道则万事通。尤其在当今这个快速发展的时代，对于治愈时下急功近利等“虚症”效如桴鼓。

（作者：喻刚，黄克刚老师弟子。）

第三章　太极拳理论体系构成与健康

《周易》将流传民间已久的“太极”思想呈现出来以后，华夏思想家陆续受太极思想启发，引申出阴阳、五行、天人合一、天人相应等学说思想，儒家、道家、医家、兵家都是在太极的思想体系中形成并完善的。以太极命名的武术——太极拳更是博众家所长，这些“百家”思想无不影响着太极拳理论体系的构成、发展以及对拳术发展方向的指导。下面就其“文武医道”的理论体系架构来阐述太极拳与生命健康之间的关系。

一、太极思想与健康

（一）

一提到太极，人们就会联想到道教，联想到阴阳双鱼图。以致于居多人认为太极拳是道教的产物。阴阳双鱼图成为了道教的图标，也成为了太极拳的标志，是中国文化对外交流中的一部分，同样也是西方国家认知我们中国文化的一把钥匙。

诚然，生活中首先是道教让我们认识了太极，但太极并不是道教的首创。

“太极”一词最早出现在《周易·系辞·上传》。太极在天地未分之前就已经存在，太极生阴阳二气，阴阳二气化生三爻成就八种不同的事物形态，这八种不同的事物形态中蕴含着不同的“道”，通过分析其中的“道”来判断事物的发展规律和方向，把握三爻其中之“道”来成就盛大之业。

《系辞》是《周易》的一部分。文王根据伏羲八卦创编了爻辞为《易》，孔子“五十而好易”，韦编三绝后著《十翼》成为了《周易》的一部分，《十翼》中包含《系辞》。太极思想首次呈现在于世来自孔子，《易》与《十翼》合编起来就是我们现在的《周易》。

“太极”一词在后来被道家思想者采用而发扬光大，《庄子》中多处提到“太极”，以致于人们习惯将“太极”作为道家的专用名词。

道家思想早在道教形成以前就已经出现了，从黄帝算起约比道教成立时间早三千年。道家学派一直用“道”探究自然、社会、人生之间的关系。道家提倡“道”法自然，无为而治，天地万物和谐相处。道教是在道家思想的基础上进一步衍生出具有宗教色彩，并有一整套宗教信仰教规仪轨的中国本土宗教体系。

而在太极拳创编思想体系里面应用的不是双鱼太极图，而是文王八卦方位太极图。只是后来鉴于双鱼太极图在民间流传的辨识度极为普遍，就逐渐成为了太极拳的图标。

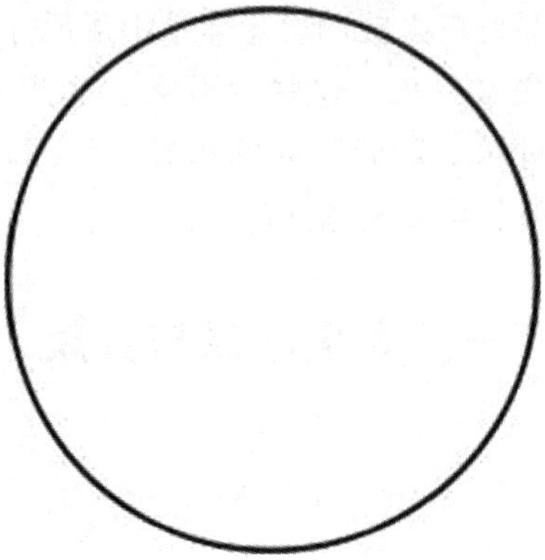

无极图

先天太极图

自孔子至北宋约1500年，北宋时儒释道三家文化已经开始互融。北宋周

双鱼太极图

敦颐先生根据陈抟老祖所创被称为中华第一图的阴阳双鱼太极图著书《太极图说》和《易通》。《太极图说》开篇即说："无极而太极，太极动而生阳，动极而静，静而生阴，静极复动，一动一静，互为其根。"意即无有穷极一样的太极，一旦运动起来就产生了阳，运动到了极点就为静。静止的时候就又产生了阴，静到了极点，蓄积的能量到了一定的时候就又开始运动起来，动和静互为运动能量的根源。

"无极"一词首出于王弼本《道德经》第二十八章："知其白，守其黑，为天下式。为天下式，常德不忒，复归于无极"。"无极"一词据考究是后来西汉时期一些道家思想人物创造而加入到《道德经》中的，目的之一就是要比"太极"思想更高一层从而凸显道家政治地位。

《太极图说》接着说"无极之真，二五之精，妙合而凝，乾道成男，坤道成女，二气交感，化生万物……"太极思想体系至《太极图说》时已趋于完善，它阐述了生命的构成与特性。乾为阳，为男，为父，为君，为刚；坤为阴，为女，为母，为臣，为柔。太极思想之气交感而生万物，太极思想之理指导着万物的生长与发展。

后人王宗岳依据陈家拳法之内涵，结合四书五经、老庄《太极图说》等著《太极拳论》。《太极拳论》是太极拳武术理论体系的圭皋之篇，里面诸多思想都来自儒家和道家思想，正所谓"文者武之宗也。"《太极拳论》开篇便道："太极者，无极而生，阴阳之母也。"传统太极拳在这里应用的是道家思想的宇宙生成论和本体论观点。道家思想家将"道"定义为无极，天下万物生于有，而有生于无，即无极生太极，太极生阴阳，阴阳生万物。这是传统太

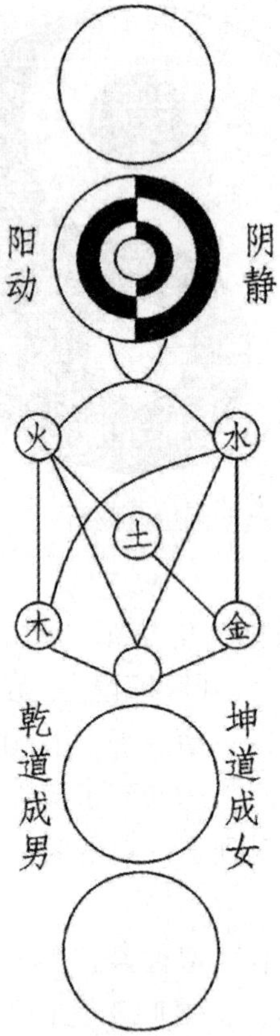

朱熹定太极阴阳图

极拳理论体系中对太极思想的理解与应用，以此让我们了解传统太极拳术里面无极、太极、阴阳之间的相互关系。

太极拳诞生至今已有400年，是以“太极”二字命名的一项中国古老拳术，就必然和“太极”有着诸多关联，或者拳术里面必然含有太极的思想。太极的思想体系从春秋时代就已经开始构建，后人在创造新型武术运动体系时，联想到了《周易》，运用了太极思想，应用了中华文明古圣先贤的思想智慧。

（二）

陈氏太极拳家族陈鑫先生著《无极象图》说：

“无极者，一物未有也。太初以上，浑浑穆穆，混混沌沌，即此时也。学者上场打拳，端然恭立，合目息气，两手下垂，身桩端正，两足并齐，心中一物无所著，一念无所思，穆穆皇皇，浑然如大混沌无极景象。故其形无可名，名之曰‘无极象形’也。”

《无极象图》对在进行传统太极拳练习时其思想境界与身形上都做了详实的指导，从而让练习者去感受“无极”的思想状态应用在人身、心的修炼上，以此来体悟传统太极拳术中的天人合一。

“穆穆皇皇”“混混沌沌”，身心寂然不动，静气凝神，回归到万物原始本初的状态，万法归宗，万物归一。同声相应，同气相求。与天地和，得阴阳运化之感；与四时合，摄日月更迭之精，蓄积“无有穷极”之能量，达致“无极”之境。

无极生太极。

陈鑫先生在《陈氏太极图说》中说：

“打拳上场后，手足虽未运动，而端然恭正之中，其阴阳开合之机、消息盈虚之数已俱寓于心腹之内。时无可名，亦名之曰‘太极’。”

在传统太极拳的理论体系里面，太极生于无极，太极之阴阳二气由微入著，循环无端，生生不息，连绵不断。练习套路开始预备势时手脚虽然没有开始运动，但身心已经是进入端然恭正之中，其动静开合之道、气血盈虚之数，已具于心腹之内。此时专注凝神，神气内收，心存敬意，这个时候的身心状态亦名之曰太极，虽然在外形上没有表现出来，但太极之势已备。所以每每上场练习太极拳时，先洗心涤虑，去其妄念，平心静气，以待其动。身心调整到位后，才可以开始练拳。

传统太极拳术正是吸纳了太极哲学思想，暗合阴阳、五行变化之道，应用螺旋的运动方式，动静互根、刚柔并济、快慢相间、虚实互衡，才成为了极富太极哲理的一项武术运动体系。

陈鑫著歌诀说：“手中日日画太极，此道人人皆不识。阴阳消长自有真，全赖有心手内寻。”在太极图的指导思想下，传统太极拳一手一足的运动皆含太极之理。传统太极拳运动极其严谨，须在太极的思想指导下进行运动，没有太极思想指导的拳就不能成为太极拳。日久习之，周身将太极化为自然，一举手，一投足皆是太极。

陈鑫还说：“唯有五阴并五阳，阴阳不偏称妙手。妙手一运一太极，太极一运化乌有。”传统太极拳的练习过程就是在追求阴阳平衡的一个过程，太极的境界就是一个阴阳平衡的境界，平衡才是太极拳，身心平衡才是太极拳的境界。

练习传统太极拳时，思想状态调整尤为重要，“心神”为一呼一吸之主。意识导引吐纳，内气缓缓催动身形。如不能“专精纯一”“不著一物”，那么就很难做到精神内守，平心静气，气聚神凝。思想飘忽或动荡，气便散乱，则身形不定，筋骨亦难相合。不达“无极”，难入“太极”，则不能体会传统太极拳之精妙，亦不能有效受益传统太极拳锻炼身心的愉悦。如以竞躁之心涉太极希静之涂，则难以收获身心的健康。

（三）

《素问·上古天真论》中说：“夫上古圣人之教下也，皆谓之虚邪贼风，避之有时，恬淡虚无，真气从之，精神内守，病安从来。”这是说上古时期的圣人教导人们一些健康养生的方法。养生最重要的是保持思想上清静虚无，不要有过多的欲望，体内的元气不要外泄，精神要守护在身体的里面，精气神聚在一起，这样就不会生病。

“恬淡虚无”也是传统太极拳的一种太极境界。这种恬惔虚无的境界会让我们放空思想，内心豁达，收摄身心，体内的精气神聚合在一起，形成一股强大的能量，继而能催动身体四肢进行虚实开合、屈伸往来。只有虚怀若谷，体内方以能存气，若欲望过多，本心不虚，真气则无处以存。习练传统太极拳如不用真气来催动身体进行运动，而用努气和拙力的运动则不能给身心健康带来积极的影响。努气和拙力会扰乱气机的正常运行，气机紊乱，身形难修，则心神不住。健全的精神，需要一个健全的身体。

后人根据太极思想的哲学观点又阐发出新的思想。

中医学认为“动而生阳”，人一旦运动起来体内就会产生阳气，而阳气又为人体的生命之气，亦是人体的护卫之气。太极之所以生阴阳，是因为阴阳二气中的阳气具有运动的特性，是阳带动了阴阳二气生生不息的运动，在运动中产生万物，同时也制约着平衡关系，使万物不受邪气的干扰。反之，万物的自身运动也会促进自身阳气的生长和发展，“动而生阳”是要在以锻炼人体气血的运动方式下才成立。大多数的运动锻炼是以消耗气血助长肌肉为主，而以导引吐纳为主的养生运动则是以养促壮，这样才具有“动而生阳”的积极效果。

《素问·生气通天论》说：“阳气者，若天如日，失其所，则折寿而不彰。”人体内的阳气，就像太阳在天上的普照万物一样温煦着五脏六腑肢体百骸，生长发育，新陈代谢，阳气是构成我们身体免疫系统的重要组成部分。如果没有阳气像太阳在天上运行一样运行不息，那么人的生命就不会壮大甚至短寿夭折。人的一生也是在不断的生长发展变化着，从胚胎到胎儿，从婴儿到少年、青年、中年、老年，到死亡，无不是运动促进人体的新陈代谢、生长消亡的结果。

人体若自身阳气虚弱，只要在空气良好，阳光适宜的时候进行一些有氧运动，身体内的阳气就会被带动运行，慢慢强壮。随着阳气越来越多、越来越足，身体就会健壮，整个人的心态也会阳光积极。积极的状态为阳，消极的状态为阴。心态消极，人体的气机也会怠惰，阳气也会被削弱，身心就会出现负面的健康状态。

习练太极拳者，必须要领悟太极思想。太极即是周身，周身浑然即是太极。身形外示安逸，内固精神，气机流转，丹田鼓荡。身形如旋转的球体，前进不凸，后退不凹，左转不缺，右旋不陷，随势而变，一气呵成，连绵不断，内外合一，形神皆虚，乃能炼入天人合一之境。

这样来理解、研究太极和太极拳才能有效收获身心健康。

二、阴阳思想与健康

（一）

张介宾在《类经》中说道："天地之道，以阴阳二气而造化万物；人生之理，以阴阳二气而长养百骸。"

天地之道，阴阳之道，万物之道。

前文已经阐述了传统太极拳术创造的理论是建立在阴阳哲学思想基础之上的，以天、地阴阳的变化之道，应用于传统太极拳武术运动中的螺旋、刚柔、快慢和虚实。

传统太极拳拳论里应用的阴阳思想是中国古代哲学的基础理论体系，是中国古代的起源思想之一，是中国古代最朴素的自然观，用对立统一来认知万事万物的生长发展变化，属于中国古代唯物论和辩证法范畴。阴阳思想是用来研究宇宙万物的内涵及其变化规律，并用以阐述宇宙间万物的产生、发展及变化的一种原始哲学理论。其包含特点有：统一、对立、互根、互感。阴阳思想是自然界的客观规律，是万物运动发展变化的本源，是人类认识天地万物的基本法则。后来的五行学说，也是从阴阳思想的基础上逐步发展建立起来的。

传统太极拳在这里所应用的阴阳思想有两个部分组成。一部分是由《周易》发展出来的中国古代阴阳哲学思想体系，以及由《周易》在战国时期而衍生出的诸子百家，如：儒家、道家、阴阳家、法家、医家等。这一部分主要应用于武术中的道德修养和认知思维的构建。

而另一部分则是在指导我们在练习传统太极拳时对身体各部分结构了解及按阴阳思想的归类划分所产生的健康积极影响，这一部分主要来自中医学体系。

孔子为《周易》注十翼后，《周易》便作为儒家思想体系之源。而孔子作为儒家思想的创始者，使儒学远离宗教信仰而建立在人文理性的基础之上。在儒家思想体系里面，孔子在周朝“以德配天”为政纲领的基础上提出了“仁”的概念，仁则成为传统儒家思想体系的最高范畴。

《周易·说卦传》中说：“立天之道曰阴与阳，立地之道曰柔与刚，立人之道曰仁与义。”天以气言，展现宇宙变化的自然法则；地以质言，体现万物变化的根本原理；人以德言，协调人与万物、自然之间平衡的生存原则。而传统太极拳拳论中的武德修养也正是借鉴了《周易》的这些理论体系，以阴阳互根来指导武术运动的思想，以刚柔并济来构建武术运动的中屈伸往来，用仁义道德来赋予武术的精神内涵。

《周易·系辞》说：“一阴一阳之谓道。”阴阳二气交感，动静互根，循环无端，化生万物，万物生生，而变化无穷。生生不息才是天地之道。

《周易·系辞》曰：“日新之谓盛德，生生之谓易……天地之大德曰生。仁者，生生之德，生生之美。”天地最大的德行就是阴阳二者一直在运动平衡中繁衍万物，这也是仁者的美德与善行。仁者的生生之德不仅仅是面对生灵有爱护之意，还激励人们的思想和斗志，鼓励人们勇往直前为生命的崇高理想而奋斗。

周敦颐在其《太极图说》中说：“圣人定之以中正仁义而主静，立人极焉。故圣人与天地合其德，日月合其明，四时合其序，鬼神合其吉凶。君子修之，吉；小人悖之，凶。”圣人之德中正仁义，中正仁义亦是太极之理。

圣人定下“中正仁义”的道德修为准则并提倡“主静”（先天之静，无极之本性，无欲曰静）的修养方法。这就确立了成为圣人的极高准则 。所以圣人的德性像天地一样覆载万物，圣明像日月的光辉，主事像四时变化一样井然有序，趋吉避凶，与鬼神一般奥秘莫测。君子都会按照天地自然之道来信奉修身，处理一切事物都很顺利，小人则违背这些道理，处处险难。

其中“故圣人与天地合其德，日月合其明，四时合其序，鬼神合其吉凶”是借《周易》里面的原话，德修的最高境界即是圣人，古代仁人君子皆是以成为“圣人”为人生崇高的目标。

仁者爱人，“仁”是孔子开创儒家思想体系的核心。

《论语·雍也篇》中孔子说道：

“知者乐水，仁者乐山；知者动，仁者静；知者乐，仁者寿。”有仁德君子的人“安于义理而厚重不迁，动而不括故乐，静而有常故寿”。这里的静不是指身形安坐不动，而是指人的思想恬然安静，不为诱惑所动。

真正的仁者无所欲求，在实行仁德的时候，他的内心满足安宁。在我们帮助别人的时候，内心充满喜悦，我们在看到对方得到帮助而喜悦时，自己的内心也一样地欢喜。

《中庸》作为孔门儒学心法的精微之述，其中说：“故大德必得其位，必得其禄，必得其名，必得其寿”。有高尚道德情操的人，必定有其政治地位和文化地位，必定有丰厚的收入，在人民心中必定有很好的声望，也必定是长寿之人。

对于“仁者寿”、“得其寿”，汉儒董仲舒在其著作《春秋繁露·循天之道》中解释：“子曰：仁者寿。仁人之所以多寿者，外无贪而内清净，心和平而不失中正，取天地之美，以养其身，是其且多且治……君子闲欲止恶以平意，平意以静神，静神以养气，气多而治，则养身之大者得矣。”有仁爱之心的人会长寿，是因为他们对外界除了生活需求外，没有其他的任何贪欲，内心很清净，做事情中规中矩，恰到好处，他们借鉴大自然的朴素自然之美来颐养身心。仁者君子没有过多的欲望追求，他们消除内心贪恶嗔恨的念头。心思平静，气息和畅，收摄心神以安定思想来保养人体的元气，元气充盈，体内自然就安康和谐，如果能保持这种道德修养，我们的身心健康就会受益无穷。

儒家思想这样的道德修养理论，比比皆是。

《论语》中说：“知者不惑，仁者不忧。”

前文已阐述了七情对人体健康的影响，忧思、忧虑过多就会伤及人体的脾脏和肺。忧者的内心每天惶惶不安、心神不宁、气机紊乱、夜不能寐。真正的智者，对于事物有着清晰的分析，对未来有着明确的目标，对于未知有把握地判断和应对，自然内心泰然安定，自然不恍惑、不忧虑。

而仁者爱人，德布四方，则“德不孤，必有邻”，自然随处亦有贤德之人来帮助自己。《论语·述而》篇中，孔子经过宋国，和弟子在大树下讲授，桓魋想杀掉孔子，弟子们劝孔子快逃，孔子却说：“天生德于予，桓魋其如予何！”

对于情志关联气血的修养，《论语·季氏》第十六章说：

“君子有三戒：少之时，血气未定，戒之在色；及其壮也，血气方刚，戒之在斗；及其老也，血气既衰，戒之在得。”

孔子告诫身边的弟子们说：“君子有三种事情应该引以为戒，年少的时候，血气还不成熟，要戒除对美色的迷恋；等到身体发育成熟了，血气方刚，要戒除与人争斗；等到老年，血气已经衰弱了，要戒除贪得无厌。”

少时“戒之在色”，人在少年这个阶段是人身心发育的重要阶段，主要精力和时间应放在学习上，不能沉迷于美色。如果沉迷美色必定会影响学习，也不利于身体的健康。壮年之时，关键在于是否善于宽容、理解，不冲动，不焦躁。到了老年，身体各方面的机能逐渐衰老、退化，戒之在贪欲。年少伤阳，年老伤阴。

人的一生中会遇到很多名利的诱惑，在自己人生发展的每一阶段上都要把握好自己，方寸不乱，心神不散。《淮南子·诠言训》就给我们总结了一条人性的弱点：“凡人之性，少则猖狂，壮则强暴。老则好利。”

圣人和我们的气血是一样的，不一样的是修为不同。圣人颐养志气，气血不为躁动，年岁越高，道德愈宽厚。而道德感是人的一种社会性高级情感，在自我道德感得到满足时，就会缓解日常的情感冲突，减少心理矛盾，内心坦然安宁，身心舒畅，自然享有长寿之乐。

孔曰成仁，孟曰取义，唯其义尽，所以仁至。

传统太极拳的拳论中有“浩然正气”一说。此“浩然正气”乃是从孟子的“我善养吾浩然之气”引申过来的。

在《孟子·公孙丑·上》中：曰：“我知言，我善养吾浩然之气。”

“敢问何谓浩然之气?”曰：“难言也。其为气也，至大至刚，以直养而无害，则塞于天地之间。其为气也，配义与道；无是，馁也。是集义所生者，非义袭而取之也。行有不慊于心，则馁矣……”

天地浩然之气是充塞于天地间一股无穷地至大至刚的正气，这股正气包含道与义，如果这股正气不包含天地自然之理和符合人心的评判，那么这股正气也就自然失去其至大至刚的能量。

这种仁义之道德修养培养出“至大至刚”的浩然正气，是一种精神状态，是一种气概，是一种高尚的人格，不仅培养了我们思想道德上的风骨，还衍生了运行在我们体内五脏六腑之中的生命正气。

朱熹说：“义者，心之制，事之宜”。在日常工作生活，我们的内心有所尺度，把事情处理得很合理，这样就同家人、朋友、上下级等社会的关系很和谐，建立一种和谐的社会关系会积极地影响我们的身心健康。

孟子说：“仁，人心也；义，人路也。”仁为阴，义则为阳，义是仁外在的表现，儒家思想的“仁”是一种道德的精神境界，是处理人与人、与社会、与自然之间的基本原则，寻求各种关系的高度平衡与和谐。

拳谚说“未曾习武先习德”。有了良好道德修养我们会坦荡胸襟，以平和的心态对人对事，不惊不恐，不忧不惧，内心必平和，则气血畅达，阴阳平衡。

传统太极拳正是练就这塞于天地之间、至大至刚的浩然之正气。这种正气冲击着我们的脏腑，壮实脏腑，骨刚筋柔，激发身心的潜能，让我们的身体有足够的能量去承担责任。有了这种“浩然之气”，各种恐惧、焦虑、压力对人体健康的负面影响也将荡然无存，强健的身心使我们自信满满，不惧将来，不惧险恶，敢于一往直前。有了这些正气、正能量，我们就能以积极乐观的心态面对生活和工作。

明王文禄在其著作《医先》中说：“养德，养生，无二术也。”修养德行就是养生，德性高尚，神志安定，恬淡虚无，气血通畅，自然身心健康。老一辈的武术家常教导弟子们说“德多高，术多高”，厚德方可载物，没有远大的胸怀哪有高明的武艺。

（二）

阴阳思想在传统太极拳理论体系构成中的另一个组成是关于中医学基础理论。主要用于传统太极拳在对人体各身体组成部分在阴阳体系下划分归类的认知和在人体一生的生长、变化规律，以及用于建设传统太极拳训练体系科学化的理论基础。

中医和道医都是从远古的巫术基础发展出来的，中医学后来脱离了宗教色彩，而逐步走向人文理性化、科学化。

《阴阳应象大论》开篇就说：“阴阳者，天地之道也，万物之纲纪，变化之父母，生杀之本始，神明之府也，治病必求于本。故积阳为天，积阴为地。阴静阳躁，阳生阴长，阳杀阴藏。”

阴与阳是天地之间的大道，是天地自然之道，统领着万物生长变化的规律，也是万物发展变化的源泉。如果要去治病必求助于治本的阴阳变化之道。传统太极拳亦是取法于阴阳之道的，二者应运而生的体系不同而已，一个为医术，一个则为武术。这也是武医同源的来源之一。

中医学阐述了阴阳—天地—五行之间相对于中医学的相互关系，着重于“天人相应”的理论体系构成。中医学的阴阳理论体系主要是对天、地、人之间的形态认知，以及对自然的发展变化规律的认知。

《素问·金匮真言论》中把一天按阴阳分类成四个阶段，从太阳出来到正午叫“阳中之阳”，正午到太阳西下的黄昏叫“阳中之阴”，从黄昏到公鸡打鸣叫“阴中之阴”，从鸡鸣到太阳刚刚露出地平线叫“阴中之阳”。

同时对人身的阴阳也进行了划分归类。后背为阳，前腹为阴；头为阳，脚为阴；上肢为阳，下肢为阴；手背为阳，手心为阴；腑为阳，脏为阴；气为阳，血为阴；外侧为阳，内侧为阴；左为阳，右为阴。

意为阳，心为阴；力为阳，气为阴；骨为阳，筋为阴；肩为阳，胯为阴；肘为阳，膝为阴；手为阳，足为阴。气为阳，息为阴。动为阳，静为阴；刚为阳，柔为阴；实为阳，虚为阴；快为阳，慢为阴。开为阳，合为阴；发为阳，收为阴。

《素问·阴阳应象大论》说：“故曰：天地者，万物之上下也；阴阳者，血气之男女也；左右者，阴阳之道路也；水火者，阴阳之征兆也；阴阳者，万物之能始也。故曰：阴在内，阳之守也，阳在外，阴之使也。”天地，上阳下阴；男阳女阴，左阳右阴，火阳水阴。阴归形为精，阴精在体内运行，阳化气在体表作为屏障守卫健康；阳气在体表进行守卫，是阴精给予的能量。阴阳和合、互相平衡，共同维护一个健康的生命状态。

《素问·阴阳应象大论》中说：“年四十而阴气自半也，起居衰矣。年五十，体重，耳目不聪明矣。年六十，阴痿，气大衰，九窍不利，下虚上实，涕泣俱出矣。故曰：知之则强，不知则老，故同出而名异耳。智者察同，愚者察异，愚者不足，智者有余，有余则耳目聪明，身体轻强，老者复壮，壮者益治。”人体的一生中，阴阳二气在彼消此长过程中发展变化，不同的年龄段阴阳盛衰不同，医者根据这个变化规律作为对疾病进行判断的依据之一，扶阳养阴则老当益壮。

《素问·上古天真论》中还把女人和男人的一生生长发育过程做了阶段性划分，女子以七岁为阶段，男子以八岁为阶段。女子男子应根据每个阶段的发育特点来调节人体的阴阳平衡。如果不了解每个阶段的生长特点，不知道如何协调阴阳，人就会过早衰老。特别是人到了三十五岁以后，女子“五七阳明脉衰，面始焦，发始堕”，男子“五八肾气衰，发堕齿槁”。这个时候人体的阴津和阳气都自然耗损了一半，日常起居生活就不像年轻时那样精力充沛。到了五十岁，筋骨、阳气就越发衰弱，感觉身体沉重，形体也不灵活，听力和视力都开始减弱。到了六十岁，身体的功能状况就更加弱一些，肾气衰，九窍不利。下部的阳气弱，腿脚支撑虚弱，上部邪气却实。所以知道这些生长阶段规律而善于养生的人，可以通过养生手段保持强壮的身体，而不知道也不去保养的人则衰老得更快一些。气血充盈的人自然耳聪目明，身体灵活强壮，而老当益壮。

对身体的阴阳归类有了详细的了解，和人一生的阴阳变化规律有了具体的认知，才能更好地配合传统太极拳的阴阳互根、阴阳对立、阴阳统一、阴阳互感理论。明白了身体阴阳才能理解传统太极拳的内涵。运动中不明白阴阳，或阴或阳、非阴即阳就不是传统太极拳。不明白阴阳就不知道在运动中怎么运化，如何阳变阴合，如何阴阳相济。

阴阳和合生八门之劲，五行化生六合之方，从天、地、人到拳法再到医理，让我们在传统太极拳的练习过程中对身体各部分有了一个全面系统的认知，让我们了解“人法地，地法天，天法道，道法自然”在传统太极拳里面的含义。

正是因为当初陈王庭在赋予旧有拳法套路新生命时，加入了丰富的中医学理论元素，所以自传统太极拳诞生时就与人体健康是密不可分的。

阴阳哲学思想是中华文化的起源思想之一，其包罗万象，无所不及。正是由于应用阴阳哲学思想的认知思维，人们先是通过太极拳练习自己的身形。而在这个练习的过程，自己的思维结构也逐渐会被慢慢地同化，构建一种太极认知模式。对万事万物，通过其现象洞悉其本质，把握其生长发展规律。一切了然于心，自然不急不躁，不惊不怖，以俟时机，以静制动，既中又正。与天地万物同频，顺时顺势，循规而不泥古，变化通达。

中医经络理论、道家养生学说的主轴思想也是由阴阳及阴阳五行思想衍生的分支，阴阳哲学思想是太极拳拳论的思想基础平台。阴阳思想统摄中医经络理论、道家养生学说。《素问·生气通天论》中说“阴平阳秘，精神乃治；阴阳离决，精气乃绝。”一阴一阳之谓道，偏阴偏阳之为病。

而陈鑫著太极拳歌诀曰：“一阴九阳根头棍，二阴八阳是散手，三阴起阳尤觉硬，四阴六阳类好手，唯有五阴并五阳，阴阳不偏称妙手，妙手一云一太极，太极一云化乌有。”不单是中医讲究平衡，传统太极拳术的目标方向也是平衡。不仅是身体的平衡，更是心灵的平衡。

传统太极拳最精妙绝伦的地方就是把阴阳哲学思想巧妙地融人武术套路之手眼身法步中，使之变幻莫测，广大无边，无有止境。

传统太极拳是集儒家、道家、易家、医家、兵家等中国传统文化之大成者，传统太极拳是“文”“武”的结合，传统太极拳运动一直存在着虚实、动静、刚柔的对立与统一，只有在传统太极拳的练习中，将其两两结合起来，达到虚实互衡、动静互涵、刚柔并济，才能身心合一的境界，体会到人与自然和谐统一的境界。

三、经络理论与健康

（一）

传统太极拳理论体系中应用的经络理论是来自中医学基础理论部分。经络理论是在古代的针灸、推拿、导引术等医事活动中，结合古代的解剖以及藏象学说逐步形成的中医基础体系，经络理论的形成也受到了阴阳、五行、藏象学说的影响。经络理论也是中医学分析人体生理、病因、诊断治疗的重要依据之一，是古老养生学说导引吐纳的重要组成部分，也是中国传统武术诸多门派的武术运动理论体系的重要参考及组成部分。

人体内部最深层的是五脏六腑，最表层的是皮毛腠理。人体四肢百骸在心神的指挥调节下，互相联系、互相制约，共同完成整个生物体的全部生命活动。五脏六腑依靠四肢的运作来进行获取食物和安全，而四肢又依靠五脏六腑对食物运化产生的营养物质来生长发育。

根据中医基础理论，将脏腑与四肢百骸连接互联互通的是人体的经络系统。

《黄帝内经》之《灵枢・海论》篇说："夫十二经脉者，内属于腑脏，外络于肢节。"

《灵枢・经脉》篇说："人始生，先成精，精成而脑髓生，骨为干，脉为营，筋为刚，肉为墙，皮肤坚而毛发长，谷入于胃，脉道以通，血气乃行。"

"脉为营"，就是说人体是以经络作为气血运营的通道。后面的"脉道"也是指人体的经络，经络通畅，气血才能正常运行。

人体的经络系统是由经脉、络脉、经筋、皮部四个部分组成的，中医学认为经络是构成人体的重要组成部分。而经络却不是一个独立有形的组织器官，它是借由各筋膜之间、腠理之间、筋骨之间、筋经之间、骨骨之间形成的空隙通道共同构成的，行走于这些空隙的通道内外。

中国科学家很早就对中医的经络展开了科学研究。中国著名经络学家祝总骧教授，开始是一名北京医科大学生理学讲师，与大多数自然科学教师一样，对中医学毫无了解且心存质疑。1973 年一个偶然的机会，他在中国科学院生物物理所开始参与了经络科研攻关，随着研究的逐渐深入，他的兴趣越来越浓。经过不懈的努力，他们的研究团队运用电子学、生物化学、生物物理、声学和形态等多种学科检测和独特的实验法，在1976年证明了人体确实存在14条阴性循环感传线（祝氏命名并被国际公认为LPSC线）。而LPSC线与人体14经络（十二正经和任督二脉）有高度重合性。他们的研究准确地揭示人体经络线的分布位置，证实了中国古代提出的经络系统具有高度的科学性以及客观存在。后来又提出“经络是多层次、多功能、多形态立体结构的调控系统”的理论。

人体经络或许并无实际存在的形体，但是在人体基本的生命活动、疾病诊治和健康养生方面，却有着独一无二的特殊价值。因为祝总骧教授这一发现，著名的中国古代科学史专家、年过90岁的剑桥大学名誉校长李约瑟博士激动地说：“我坚持经络必有其物质基础，现在果然得到了你们的证实，这是中国人的荣誉，人类的幸福。”

西方的医学解剖技术看不到的我们所说的经络组织，他们在20世纪90后用生物电检测技术才发现我们所标注的经络路线上的穴位具有低电阻值的特点后，才逐步承认中医的经络理论。祝总骧教授被美国国际针灸医学院聘为教授，美国圣约翰大学生物物理和生物学教授理查德·康恩更是说：“您的贡献在于，在传统中医理论与现代西方医学之间搭建了一座桥梁。”

而此时距离中国人应用经络理论体系已经过去约五千年了。

那么我们的古人是如何发现人体经络的呢？有一种说法就是古时道家养生之士，在打坐静息时关注自己的身心，感知气血在身体内的运行的时间、途径和方向，经过长时间大家共同的探究和积累，逐步完善汇总而成。

李时珍著《奇经八脉考》一书中说：“而紫阳《八脉经》所载经脉，稍与医家之说不同，然内景隧道，惟反观者能照察之，其言必不谬也。”张伯端（984—1082）号紫阳真人，是北宋道士、内丹学家。自幼聪颖好学，经史百家无不涉读，通三教典籍及刑法、书算、医术、战阵、天文、地理、卜筮，后专心研究道家内丹学说。紫阳真人在建立内丹学说体系时也对人体经络做了考究，他的考究就是一些擅长养生术的人通过反观自我，觉察体内气血的循行路径，进而发现了经络。

关于经络系统在人身体内部的布局构成，《灵枢·经脉》篇对人体十二经脉——手太阴肺经、手阳明大肠经、足阳明胃经、足太阴脾经、手少阴心经、手太阳小肠经、足太阳膀胱经、足少阴肾经、手厥阴心包经、手少阳三焦经、足少阳胆经、足厥阴肝经的起止点，循行路径以及该经络所发病症、脉象做了详实的描述，另外还对人体的十五条别络也做了描述。

经脉是人体经络系统中的主干，络脉是分支。经脉在人体的腠理深层，而络脉在表层。经脉是以纵向的走向为主，而络脉是以横向的走向为主，经络纵横交错，贯通全身。

络脉共有十五条，除了十二正经各有一条络脉外，还有三条脉络，分别是：任脉一络，督脉一络，脾之大络。络脉的作用是加强十二正经中互为表里的两条经脉之间的联系。

此外还有奇经八脉——督脉、任脉、冲脉、带脉、阳维脉、阴维脉、阴跷脉、阳跷脉。日常我们养生运动中应用得最多的是任脉、督脉和冲脉。

任脉为全身阴脉之海，全身的阴脉都要交汇于任脉，主血主生殖系统相关。督脉为阳脉之海，全身的阳脉交汇于督脉，总督统率全身阳脉的运行，主气主免疫体系。冲脉则在人体的中心通受十二经气血。

经筋是在十二经脉的所行的路径上气所“结、聚、散、络”的筋肉和骨连接等，用来连接四肢百骸，约束骨骼，进行关节运动。筋骨相合的“筋”就有指这个经筋的组成部分。

人体四肢百骸就是通过经络系统连接成为一个有机的整体，人体的各个组成部分在结构和功能上完整统一，经络系统就在各个组成部分之间宛若一个丝瓜瓤的立体网状结构一样，构成了一个上下、左右、内外彼此紧密联系、协调共济的统一体。

经络系统主要有三方面的作用。一，连结，“内属于脏腑，外络肢节”，沟通表里贯通上下，使人体成为一个整体；二，传导，将人体内的气血输送至人体各部位，使之得到充分的滋养；三，调节，经络自身可运行气血以协调阴阳，平衡各经络间的平衡，同时也对外界给予的刺激（如针、灸）进行感应继而调节经络间的阴阳平衡。

《灵枢·经别》说：“夫十二经脉者，人之所以生，病之所以成，人之所以治，病之所以起，学之所始，工之所止也。”就是说人体的生成、疾病的发生、疾病的治疗都与经络密切相关。

经络辨证在中医诊断中是重要的组成部分。中医疾病诊断的体系主要有：四诊、八纲、辨证。日常中比较常用的诊治手段就是“辨证”中的“经络辨证”。医生通过对人体病症的外在表象，再根据其应对某条经络的观察与触探，判断是否确定该条经络出现了症状或与之相对应的脏腑出现异常。诊断结果后找相对应的经络及穴位，应用中医手段进行治疗，一般有：推拿、刮痧、拔罐、针灸，从而刺激经络或使经络通畅后继续有序的运行，恢复至正常的生命活动状态。

《灵枢·经脉》篇说："经脉者，所以能决死生，处百病、调虚实，不可以不通。"

中国古人养生一直以来素以擅长导引吐纳之术。打坐、五禽戏、八段锦，都是古人在炼气方面的杰作。在保持气充盈的情况下持久练习，气血濡养四肢及脏腑，筋骨的强度、经筋韧带的柔韧性以及耐力都会得到大力提升，身体的灵敏度和灵活性愈发增强，肢体的配合更加协调，能将身体各部分的力量整体统一。

古代的医家经过长期的研究和继承的经验积累，觉察出一天中人体气血在不同的时间段在十二条不同的经络间循环。再根据天地之气与人体之气相应的"天人相应"观点，结合干支纪年法和时辰计时法，将一天分为 12 时辰——子、丑、寅、卯、辰、巳、午、未、申、酉、戌、亥，组合而成了"子午流注"经络运行理论。书云：子午流注者，谓刚柔相配，阴阳相合，气血循环，时穴开阖也。何以子午言之？曰：子时一刻，乃一阳之生；至午时一刻，乃一阴之生，故以子午分之而得乎中也。流者，往也。注者，住也。医家还通过分析人体各条经络在一天之中所主导循行的时间，来对此条经络予以阴阳、五行的辨证治疗，已取得更佳效果。

十二经络与时辰对照以及流注次序表：

（1）寅时 03：00-05：00　手太阴肺经

（2）卯时 05：00—07：00　手阳明大肠经

（3）辰时 07：00—09：00　足阳明胃经

（4）巳时 09：00—11：00　足太阴脾经

（5）午时 11：00—13：00　手少阴心经

（6）未时 13：00—15：00　手太阳小肠经

（7）申时 15：00—17：00　足太阳膀胱经

（8）酉时 17：00—19：00　足少阴肾经

（9）戌时 19：00—21：00　手厥阴心包经

（10）亥时 21：00—23：00　手少阳三焦经

（11）子时 23：00—01：00　足少阳胆经

（12）丑时 01：00—03：00　足厥阴肝经

关于十二经中的气血分布，《素问·血气形志》篇说："夫人之常数，太阳常多血少气，少阳常少血多气，阳明常多气多血，少阴常少血多气，厥阴常多血少气，太阴常多气少血。"此篇对人体手足十二经脉各自的气血运行状况做了分析，便于我们在导引时把握气血的平衡。

经络全天候的不间断运行让气血在人体各脏腑间良性有序运行，平衡协调全身的阴阳，“阴平阳秘”，始终维持人体的健康生命活动。

（二）

传统太极拳对经络理论的应用，一则是用来了解人体构造。创新一种全新的武术运动体系，就必须对人体构造有全面的了解，以便设计出完美的人体力学结构。将身体各部分的力量充分调动起来，可各个集中又可各个散开。如果对人体结构不了解，设计的人体力学结构难以形成传统太极拳术里面的上下相随，左右相应，前后相通，周身一体，这样一种运动体系。二则是用来导引体内的气血，以气血濡养筋骨，内壮身体。

传统太极拳术是一门既正统又有着完整的理论体系的传统武术运动项目。正统是说其理论基础依据有可靠的文献资料来源，完整是指无论在“道”的领域还是“术”的领域都有完备的理论体系架构。

传统太极拳作为一项全新的武术体系，对人体的各组织结构的全面详细了解就来自《黄帝内经》。

很多人会认为我们的中医没有解剖学，没有外科，这是对中医学的了解不够全面的一种说法。中医学自古就有解剖理论的，只是我们古人基于“身体发肤，受之父母，不敢毁伤，孝之始也”的传统文化观念，对人体解剖这一方面的技术比较弱而已，所以我们的解剖学不能被重视，一直不够发达，但是自始至终中医学始终就是一门科学。对于中医外科，《后汉书·华佗传》中就有华佗用外科手术施治救人的记载，说明我们古代医家对人体内部结构还是有一定的了解。

中医学理论体系中的《黄帝内经》是一部大约在我国西汉时期，由诸多医学家们收集整理自黄帝时期起的一些用于治疗或保养人体身心健康的一些经验总结或学术文章经过后代医家不断验证，综合校勘后编纂的一部中国医学理论专著。其涵盖了阴阳五行、养生、藏象、经络、病因病机、病证、诊法、治法以及五运六气等学术思想，确立了中医学的理论体系，为中医学的发展奠定了坚实的基础，是中医辨证论治的主要理论依据，后来的中医学家或学派皆是因此书而发展出来的。自其成书至今，从汉朝的太医署、宋太医局、明太医院，直至今日中医药学高等教育机构，近千年来都将其作为中医学首选必修的教参教材。

中医学对人体解剖进行了部分描述。《灵枢·脉度》篇把经络的长度尺寸进行了较为详细的描述。《灵枢·经筋》篇把人体的经筋做了详细的描述。《灵枢·骨度》篇则是把人体的骨骼长短大小做了详细的描述。中医的解剖学在解剖技术领域领先西方近两千年，中国古人构建的中医学偏重于人文科学而已，注重整体的协调思维，西医在原子论概念的指导下出发，专注于细胞的研究。

自古以来，正是因为中国传统武术体系都借鉴了中医学的部分理论基础，所以一直以来都有个说法——“武医同源。”中国有传承的武术门派，其理论体系里面大多都会应用中医学里面的一些理论基础，特别是经络理论。而一些真正的武学大家都会一些中医诊疗之术，最常见的就是跌打损伤、分筋正骨、精气亏虚、形劳所伤。

陈鑫先生著作的《陈氏太极图说》首卷中就应用了中医系统里的人体经络理论的著述，对人体十二经脉和任脉、督脉和冲脉都图文并茂地做了详细描述，还以歌诀的形式对每条经络的穴位和一些重要穴位做了标注及说明。并且还在足太阳膀胱经的两侧与五脏所对应的位置做了标注，对人体的经络与练习传统太极拳的动静、阴阳的关联进行了阐述。更甚的是将人体经络中一些重要穴位也进行了说明，这些穴位都是在武术对抗过程中禁止打击的穴位，这些穴位是人体气血的重要汇聚或途径点，一旦重击，气机停滞或逆行，非死即伤。

《任脉、督脉论》对内家拳武术体系中导引吐纳应用最重要的任督二脉进行专篇的阐述，任督二脉也是中国传统武术中应用最为广泛的两条经络。“打拳以调养血气，呼吸顺其自然，扫除妄念，泄净浊气。任督二脉犹车轮，四肢若山石，亡念之发，天机自动。培养本原，以养元气。身本强壮，打拳自胜人一筹。”特别强调了练习传统太极拳是在练习任督二脉循行，以调养气血，强身健体，培养我们自身的元气。道家的内丹体系也是非常注重任督二脉的导引锻炼，取名曰“子午轮”。

传统太极拳是一种以意导气，以气催形，气到力到的内家拳武术运动体系。中国的内家拳体系主张应用人体的筋骨相合，再配以丹田呼吸的升降出入，导引的气则是在以经络为路线游走于周身，营养于周身，将内劲收发自如。

在比陈氏太极拳体系更早的岳家拳中，其武术理论里面就应用了中医学理论。《岳家拳·大血十二时口诀》中就详细了说明了从子时到亥时人体气血与穴位及身体一些部位的运行关系。“子时气血正朝心，人睡犹如去归阴，肺乃相传之宫府，却行诸藏之气精……未时血海在胰臁，内有禅宫两相连，此时若是伤了它，纵有妙药也枉然……涌泉穴上麻石床，受伤之人面带黄，踏行一步俱难走，十二经中用妙方。”对人体十二经络的状态以及受伤后的症状做了具体的阐述。

而比岳家拳更古老的少林拳早已经是“禅武医”结合体，更早地将武术和医学结合在一起，少林药局更是有千年的历史。

传统太极拳讲究“一动百骸皆动，一静百骸皆静”，以丹田为核心，一动全动，周身浑然一体，这样才能把周身的筋骨合到一处，产生整体的劲道。而中国武术有一个共通点就是“将身体全部的力量合在一处，快速准确的瞬间爆发出去”。传统太极拳正是借鉴经络理论网络周身，联通整体的特性，将周身整合到一处，然后“挨着何处何处击，浑身上下无处不是手”。

气血乃生命之源，人生之本。《陈长兴太极拳十大要论》说：“血为气之海，气为血之帅，肉为气之囊。”是说人体的气是蕴含在血之中，血里面含着气，气具有动能，气血合在一起，由气带领、推动着血在周身经络内外行走。

气血是保持持久运动的关键因素。太极拳是有氧运动。运动以消耗氧气为能量，如果气血不与肢体动作一起运动，那么筋骨和肌肉在供氧不足的情况下，就无法持久地发挥出正常力量。

我们的肌肉可以在一段有限的时间内无氧状态下产生能量，但不能长时间地维持这个无氧状态，长期低氧水平会导致肌肉无法持续供应力量。只有在保持气血通畅的过程中，氧气在经络间源源不断地提供能量，筋骨相合才会消耗相对较少的氧分，这样我们才能保持长时间的康养运动，而不是无氧运动的消耗。

传统太极拳体现中的基本功之一——桩功就能很好地自我检查身体上的一些疾患问题。当我们在思想安静地状态站立不动时，全身的气便会集合在一起于体内的腠理、经络之间流动，集合在一起的气较散开时能量要大，如果哪个地方有郁结不通畅，气血就难以通过，气被阻滞在那个地方就会出现酸痛不适的感觉。经络有些地方郁结不通畅，在持续放松的状态练习中，慢慢地就自然会被拉开或被阻滞在一起气的压力疏散开。

传统太极拳在练习过程中讲究意识、肌肉、呼吸的放松，随着导引吐纳，气血通过经络在周身放松的情况运行，加上陈氏太极拳独具的运动特点——螺旋缠绕，是让人体气血在四肢百骸间流通最有效的健康运动方式（这一点，后面章节有详细的阐述），气血通过经络畅通无阻地达到每一个组织细胞间进行交换代谢，人体的新陈代谢活动达到每一个细胞。

四、养生学说与健康

（一）

中国人的养生活动由来已久，或许当有人类始就有人在探究这个问题，如何增强体质、预防疾病，才能以达到延年益寿、长生不老，所以很早就出现了一些方士、巫吏，他们到处搜集这些祛病强身、长生不老的方法或药物，然后通过自己的体证继承发扬。如秦朝的著名方士、道家名人徐福，曾担任秦始皇的御医，后接受秦始皇的命令，带领三千童男童女前往东海仙山为秦始皇寻求长生不老之术。

养生一词最早称“摄生”，由道家方士提出。

养生学说，源自古代人们通过各种方法颐养生命、增强体质、预防疾病，从而达到延年益寿的一种传统医事活动。涉及诸多方面的综合保健方法，后以中医为主导，包含康复、饮食、国学、运动、艺术等，还参入一些道家科学的修身养性之法，在中医学的理论指导下，根据人体生命活动变化规律，研究如何促进调摄身心、强筋壮骨、养护生命、祛病延年。

生是指生命、生存、生长。养生的目的主要有三个方面：强身健体，预防疾病，延年益寿。而养生的方法大概有以下三个方面：

（1）保养：遵循生命法则，通过适宜的运动和护理，使脏腑得到有序的协调、运行。

（2）涵养：开阔心胸，提高生命格局，通过对自身道德素质的修炼提升，让身心得到静养，修身养心。

（3）调养：通过把握天时地利人和，遵循四时规律，调配适宜食疗，调理周身以治未病。

中国养生思想启迪的开端应该是春秋战国时期的老庄思想，因推崇“清静无为”“返璞归真”“顺应自然”等哲学思想，来颐养性命，长生久视，而被后来的养生学说奉为鼻祖。

《庄子·刻意篇》：“吹呴呼吸，吐故纳新，熊经鸟申，为寿而已矣；此道引之士，养形之人，彭祖寿考者之所好也。”彭祖是我们古代相传最早知晓养生之道有传闻记载的人，传说活了800岁。“吹呴呼吸，熊经鸟申”是文献中最早出现有关养生方法的记载。“道引之士”的“道”通简体字“导”。

导引之术在中国传统文化中盛行久远，这种古医家、道家的养生术，实为呼吸和躯体运动相结合的体育疗法。唐·王冰注："导引，谓筋骨，动肢节……导引按蹻，中人用为养神调气之正道也。"

葛洪《抱朴子·别旨》中说："夫导引不在于立名众物，粉绘表形著图，但无名状也，或伸屈，或俯仰，或行卧，或倚立，或踯躅，或徐步，或吟，或息，皆导引也……夫导引疗未患之疾，通不和之气，动之则百关气畅，闭之则三宫血凝，实养生之大律，祛疾之玄术矣。"

张君房著《云笈七签》卷三十二至三十四亦详载其导引之法，谓"导引之法，深能益人延年，与调气相须，令血脉通，除百病。"

正是因为能有效促进增强体质、预防疾病的一些养生活动，使人保持在一个健康的生命活动状态，养生活动后来就对中医及康复产生了很大影响。

《素问·异法方宜论》："中央者，其地平以湿，天地所以生万物也众。其民食杂而不劳，故其病多痿厥寒热。其治宜导引按蹻，故导引按蹻者，亦从中央出也。"生活在中部地区的人们，因为气候环境雨水多，适宜万物生长丰盛，这里的人们吃的东西也就很杂，因为天时地利，食物充沛，大家的劳作也相对清闲。生活在中部地方人的四肢就缺乏气血的灌溉，软弱无力，还容易受到风寒的侵蚀。对于这样的情况，平日里就适合用导引按蹻的方法来保健养生或者治疗。

陈氏太极拳创始人陈王庭在其长短句里说道："手握《黄庭》一卷随身伴，闷时来造拳……"《黄庭》即《黄庭经》，含内外两部，是道教上清派的重要经典，道家内丹思想体系的重要理论著作。

传统太极拳理论体系组成里面所采用道家养生学说主要是养生指导思想和气息导引吐纳的训练。而传统太极拳的养生包括治未病和治已病。

《陈氏太极图说》中说："明洪武七年，始祖讳卜耕读之余，而以阴阳开合、运转周身，教子孙以消化饮食之法……"传统太极拳在陈氏家族中最初的形态是以阴阳旋转开合来运动周身消积化食、活动筋骨，促进子孙们生长发育的一项日常养生运动。陈家世代传承这些养生运动思想，至陈家第九祖陈王庭时，其文武医道兼备，在先祖不断累积的基础上，应用一些武术套路创造出了陈家拳法，理根太极，曰：太极拳。

著名养生著作《养生四要》中说："养生之法有四：曰寡欲、曰慎动、曰法时、曰却疾。"寡欲属于涵养，慎动属于保养，法时和却疾属于调养。

寡欲，就是孟子提出的"养心莫善于寡欲"减少欲望，让我们自身的精气神内存而不外泄；慎动，古人认为身体的动是由气推动的，动就会消耗体内之气，所以需要动起来的时候就小心谨慎，不要让自己的身形感到疲劳；法时，就是日常起居、食饮要与天地四时相合；却疾，是通过导引、或针灸、汤药等扶正祛邪，将体内所受病邪之气祛除体外。如果能做到这四条，就可谓是真正的养生，益寿延年。

传统太极拳是导引之术中最全面的一项健康养生运动，不但练身，而且还炼心。传统太极拳就是人通过练习让自己意念中正，运动规则极其科学，并合四时寒暑之变化，来引导体内的气血在其正确的径路进行有效运营，达到平衡阴阳、预防、治病的目的。

（二）

道家思想体系之《黄庭经》是宗教思想和中医基础理论和养生知识融汇的一部道家关于人体养生之术的著作。

《黄庭经》系统地论述了五脏六腑的生理功能。以藏象学说为依据，加入了养生修炼的一些方法，但其中的一些宗教神学思想，应以科学的态度对待。其存思的古老养生方法，如要求虚、静、灵、净等与现代心理学中的自我暗示如出一辙，自我暗示中成功心理、积极心态的核心就是自信主动意识，或者称作积极的自我意识，而自信意识的来源和成果就是经常在心理上进行积极的自我暗示。其认为人体各脏腑都有一个神仙主守，首次提出了三丹田的理论。再糅合中医学的藏象学说，综合构建了以存思、服气、积精为中心的无有终始、长生久视之修道成仙理论。道家内丹体系认为金木草石等诸中药治病只能治标，扶正祛邪治本还得用“人身”这一味妙药。

而养生存思的这种自我暗示通过主观想象在人体身心健康方面某种特殊的积极结果来进行自我刺激，从而产生积极的因素来达到改善或提升人体的生理功能。这些积极因素的载体就是由脏腑产生的“精气神”。

存思心神首先将人的思想意识“向外看”转变为“内观自我”，存思可以说是属于意念上的导引之术。《黄庭经》里面不但存思心神，还有存思日月星辰之论，此亦相当于“提挈天地，把握阴阳”之说。

国内著名心理专家郝滨老师在接受记者采访时曾介绍说：“科学证明恰当地使用心理暗示可以达到消除紧张、焦虑情绪，建立乐观积极心态的作用。”自我心理暗示，它为人们提供动力，持有一种乐观积极向上的精神状态，身体正气也会积极向上。存思心神在一定的程度上，本着科学观点，它还是有一些值得肯定的积极因素。

存思是人的一种意念活动。传统太极拳是一项意气运动，练习之初，静气凝神，把意识收回在体内，关注自我。以意导气，以气催形。就像前面讲到的“无极”一样，练拳时无所多思，无所多想，念念处处皆在身法上，一招一式，阴阳和合，刚柔相摩，八卦（太极拳八门劲）相荡，鼓之以雷霆，润之以风雨，循天地之理，成位于天地之中。

《庄子·刻意篇》说：

“纯素之道，惟神是守；守而勿失，与神为一；一之精通，合于天伦。野语有之曰：‘众人重利，廉士重名，贤人尚志，圣人贵精。’故素也者，谓其无所与杂也；纯也者，谓其不亏其神也。能体纯素，谓之真人。”

纯粹素朴的道，就是保守人的精神，保守精神而不失去本真，跟精神融合为一，纯一的精通，也就合于自然之理。俗语有这样的说法：“普通人看重私利，廉洁的人看重名声，贤能的人崇尚志节，圣哲的人重视素朴的精神。”所以，素就是说不含杂质，纯就是说不损失精神。能够体察纯和素，就可叫他“真人”。

传统太极拳这种不急不躁，周流不息的运动方式，配合其拳理的“无过不及、不偏不倚”，始终保持身法的中正，乃至思想的中正。意念时刻关注着身心的状态，精神内守，心气平和。“太极未生阳而阳之理已具，未生阴时阴之理已具，在人心则为喜怒哀未发之中，总名曰‘太极’。”

传统太极拳练至纯青之时，更是无有所思，无有所想，一切皆法天地阴阳自然之道，无声无臭。

（三）

服气吐纳之术则是《黄庭经》的重点篇目。前面已经谈到气为生命之源。道家养生理论则把呼吸元气，吐纳阴阳作为长生求仙必经之路。

在道家的服气体系里面，是说“气息”。气和息是两回事。气与息相提并论时，气是鼻子与肺部之间的流通的自然界清气。息则是下出丹田，上至百会，于任督二脉间前后上下循环的内气，道家称小周天。内气在人体十四经络（十二正经加任督二脉）有效循环是名大周天。人如果能调养真气运行不息，就能消除疾病，永葆健康。

这就是气在体内的运动机制——“出入升降”，也是“气”固有的运动特性。

无论是“小周天”还是“大周天”，丹田是一个无比重要的场所。

太极拳运动体系中最重要的位置也是丹田。

丹田原是道家内丹系统中的修养精气神时的术语，有上中下三丹田：上丹田为督脉印堂之处，又称“泥丸宫”；中丹田为胸中膻中穴处，为宗气之所聚；下丹田为任脉关元穴，脐下三寸之处，为藏精之所。丹田已被内家拳派、各门各派气功或运气方法广为引用。上丹田为性根，中丹田为气所，下丹田为命蒂。而传统太极拳所说的丹田是指下丹田。脐下整个小腹是为太极拳的丹田，脐下横三指的关元穴是传统太极拳丹田的中心点。

《黄庭外景经·上部经》：

“呼吸庐间入丹田。”务成子注：“呼吸元气会丹田中。丹田中者，脐下三寸阴阳户，俗人以生子，道人以生身。”

古人认为下丹田和人体生命活动的关系最为密切。是“性命之祖”“生气之源”“五脏六腑之本”“十二经之根”“阴阳之会”“呼吸之门”“水火交会之乡”，是真气升降开合的枢纽，是汇集烹炼、储存真气的重要部位，视丹田为储藏精气神的地方，因此对丹田极为重视，有如“性命之根本”。

《黄庭经》对丹田部分的修炼也十分注重，特别是下丹田。作为内家拳法系统的拳术都着重于下丹田的练习，丹田即肚脐以下的小腹。陈氏第十九世太极拳掌门人陈小旺老师就提出这样的太极拳运动核心理论：“以丹田为核心，一动全动，节节贯穿，一气贯通”，太极拳所有动作的力量都来源于丹田的运转。

丹田并不是一个人体器官名，而是后天道家存思所衍生出的一个身体部位。古人认为人是在丹田处孕育而生，而男人的精气也藏于此，女性孕育生命于此，故丹田乃人生命之源，无比重要。人在出生头几年都是以腹式呼吸，也称丹田呼吸，随着人的年龄增长，思想也慢慢地丰富多变，加上肌肉的逐渐发达，导致人会习惯性用胸腔呼吸，由细匀绵长的腹式呼吸变成了短平快的胸式呼吸。这种变化在性情急躁的人群中更为突出，而一些性格恬静的人可能仍然会保持腹式呼吸。

用丹田的腹式呼吸比胸式呼吸更加有效。

丹田呼吸的时间更长，可以便于流经肺泡里的血液更好地与我们呼吸进肺泡里面清气中的氧气更充分的结合，使得每一次的呼吸有效率更加高效。

用丹田呼吸时肺部也能得到更有效的舒张与收缩。当肺不能有效地吸气和呼气时，身心的疲劳会更快。下丹田的呼吸主要是人体胸横膈膜肌上升下降的锻炼。

丹田呼吸有了胸膈膜和小腹肌肉的参与，其能量也更强大，可以有效导引全身经络的气血运行，以便于经络所经行之处都能更有效地吸收清气中的氧分与新陈代谢。脏腑在胸膈膜肌的运动中也被影响到进行一定的运动，起到一定的按摩刺激作用。

腿部离心脏最远，又在人体的下部，营养的血液从心脏输送出去没有问题。加上地球的吸引力，腿部回流的血液如果能量不够，则很难回到心脏进行交换，有了丹田运动支持，就很好地解决了这个问题。

丹田呼吸在道家服气里面只是初级阶段，中级阶段是胎息。

所谓胎息，不用鼻子和嘴巴的呼吸，把体内的气引入下丹田，用下丹田内的气息运行，保持人体元气不失，靠这种内循环的自我补偿，来维持生命的活动，如同婴儿在母亲子宫内只依靠脐带一样。而有一种说法就是，胎息的时候，人体是利用周身的毛孔在进行呼吸自然界的清气。

传统太极拳以气合力，招势动作中身法各处的屈伸往来，皆是以气合力而催动身形。以丹田为核心，一动全动，节节贯穿，一气贯通。王宗岳在《十三势行工心解》中说："以心行气，务令沉着，乃能收敛入骨；以气运身，务令顺遂，乃能便利从心。"

导引吐纳是太极拳最终的修炼功夫。

王宗岳太极拳理论《十三势歌》说："若言体用何为准？意气君来骨肉臣。想推用意终何在？益寿延年不老春。"太极拳的运动是意气带动肢体，以气为君，筋骨为臣。

《黄庭经》等诸多道家内丹理论体系中对气的修炼是如此的器重，是因为道家认为气可以推动和激发脏腑的生长发育和新陈代谢，能源源不断给身体带来热量，保护着我们不受外界邪气的侵扰，也防止体内能量物质的流失，气还会带着血为脏腑四肢提供营养物质，中医学理论对气的认知也是一样的。

在道家人士导引人体的气的过程中，气在体内升降沉浮，气的升降沉浮无不体现老祖宗高明颐养生命的智慧。

（四）

存思黄庭，炼养丹田，以积精聚气。

《易经·系辞》中说："天地絪緼，万物化醇。男女构精，万物化生。"精有先天、后天之分。先天之气凝聚为先天之精。人为先天之精而生，后天之精而长。先天之精生后天之精，后天之精又壮先天之精。所以《素问·金匮真言论》中说："夫精者，身之本也。"这个精是指构成人体和维持人体生命活动的有形精微物质。它们用来促进生长发育，化生血液，濡养脏腑，繁衍生殖。

明代张介宾《类经》注云："太极动而生阳，静而生阴，阴阳二内气，各有其精。所谓容精者，天之一、地之六也。天以一生水，地以六成之，而为五行之最先。故万物初生，其来皆水，如果核未实犹水也，胎卵未成犹水也，即凡人之有生，以及昆虫草木无不皆然。易曰：男女构精，万物化生。此之谓也。”

古人认为精和气是同一种物质的不同形态，各自的功能和作用也有所不同。

精分为先天之精和后天之精。

先天之精孕育生命，后天之精发展身体。因此蓄养“精”物，也是养生之本。

先天之精取决于父母的身体素质。

后天之精主要来源于摄入的食物之中，食物的消化分为物理性消化和化学性消化。物理性消化主要是把食物粉碎、揉捻，再排挤，通过脾胃的腐熟运化，在肠道内分解吸收，再传输到各个脏腑，维持脏腑的正常生理活动，成为脏腑生长代谢的一种精微物质。由消化腺所分泌的各种消化液，将复杂的各种营养物质分解为肠壁可以吸收的简单的化合物，然后这些分解后的营养物质被小肠吸收进入体内，进入血液和淋巴液，这种消化过程叫化学性消化。

先天之精藏于肾脏中，传统太极拳以腰围轴，左右上下的运动中，又对腰部的肾脏进行按摩蠕动，而且是在一种充分放松的情况进行，刺激了肾脏的结构组织兴奋，促进了肾脏的新陈代谢，肾脏自然内壮。肾脏内壮，故先天、后天之精亦精气充盈。先天之精充盈生殖功能增强，由此繁衍后代的体质茁壮，生长发育更优良。

道家养生学说里面养精还有两种方法。一，通过一些日常修炼方法，如运化五谷产生人体津液，再通过修炼服气方法，口中产生大量津液。“口为玉池太和宫。漱咽灵液灾不干。体生光华气香兰，却灭百邪玉炼颜。”道家认为这些津液均来自五脏精华，咽下后归于丹田，以固本培元。二是通过守窍门，使精勿泄，主要是以控制性欲和房事为主。

传统太极拳是一种周身运动，在这个运动过程中，脊柱左右旋转，上下折叠，能充分地带动肠胃的蠕动，将胃部和肠道的事物进行揉捻，充分和消化液混合。而这种舒缓的运动可以刺激人体自主神经系统，能很好刺激消化系统的消化腺分泌消化液，来完成分解。

传统太极拳做为肢体导引运动，在其严谨的整个动作过程中，逐渐缩小运动误差，从大圈到中圈到小圈，再到没有圈，无不是在规则中减少运动能量的耗损，以最小的动作幅度和能量消耗来节约精微物质的耗损，而传统太极拳的运动过程中也会源源不断产生出后天之精，用以反哺先天之精。

存思、服气、积精，用通俗的话来说就是“精气神”。古人说天有三宝日月星，地有三宝水火风，人有三宝精气神。

精、气、神均是人体的组成部分。在人体中起到生与死的作用。三者以气中和，保持着人体各个器官的功能。人各有精，精合其神，神合其气，气合其真，不得其真，皆是强名。道家方士提倡存思、服气、积精，用于医疗及日常养生活动，以安神、补气、养精等促进人体的身心健康。

道家内丹思想中精气神养生的整个过程即炼精化气、炼气化神，炼神还虚，炼虚合道。炼气化神，就是用意识调整内气的分布和运行，以增强力量，气足体壮，神清思明。

道家内丹术以精、气、神以精为基础，元精与元气合炼，化为轻清无质的精“炁”相合之物，始能随丹田运转，炼成丹胎运气往返成循环，源源不断，生生不息。而“黄老”即是黄帝和老子的并称，是道家学派的早期别称。

（在课堂上与学生们讲述太极拳的养生思想）

中国的养生文化发展至今，已经是一套非常科学的理论学术。中国人注重人与自然、人自身的和谐统一，以一种非常宏观的思想来指导日常的生活作息，每一个行为都很严谨。

传统太极拳拳论思想是中国传统武术范畴中最具代表中国传统文化特色的一项内家拳武学体系，没有哪一项武术有如此的博大精深。既是“武”的代表，又可以是“文”的代表。

《世界太极拳蓝皮书》序三之全民展现太极拳及其社会价值中说道：“通过太极拳修炼和太极文化的深入研究，探索太极生命修养与人类健康新的方式和途径，促进太极生产业发展，使太极拳和太极文化惠及社会大众。”

第四章　太极拳的运动特点与健康

在练习传统太极拳的过程中，绝大部分人确实在身心健康上有了很大的收获，或者是在练习传统太极拳的过程中解决了身心上的某些疾患。那么传统太极拳的练习是怎样产生出这些积极的健康因素呢？

要想知道传统太极拳与我们的生命健康有哪些积极的关系，有必要搞清楚传统太极拳术这样一项古老的中国武术运动的特点或者具有哪些特征。现在就从分析传统太极拳术自身的特点开始入手，从传统太极拳的这些特点来剖析传统太极拳术与生命健康之间的关系。只有搞清楚了这些关系，才能让太极拳练习者们知道怎样练习传统太极拳才能身心受益，明白从什么地方着手练习，侧重点在什么地方，如何逐渐提高健康运动的有效率。

对于传统太极拳的研究，中国红色革命武术家顾留馨先生在其著作《陈式太极拳》一书中对陈氏太极拳运动的特点做了八个方面总结。

顾留馨先生自幼喜诵诗文，酷爱武术，文武双修。先后师从陈微明、吴鉴泉、陈发科、孙禄堂等学习过太极拳与推手，尤其是陈发科老师对他影响最深。经过多年的练习和研究，对传统太极拳术的研究造诣颇深。他应用现代一些现代科学的理念，剔除糟粕，吸取精华，反复检验，将传统太极拳的拳理拳法进行了系统剖析，总结出了传统太极拳的八条特点，同时也从医学上做了一点点关联解释。

《陈式太极拳》这本书详细地阐述了陈氏太极拳动作的各自特点以及动作内涵。这八个特点如下：

（1）大脑支配下的意气运动

（2）身肢放长的弹性运动

（3）顺逆缠丝的螺旋运动

（4）立身中正、上下相随的虚实运动

（5）腰脊带头、内外相合的节节贯串运动

（6）相连不断、滔滔不绝的一气呵成

（7）从柔到刚、从刚到柔的刚柔相济运动

（8）从慢到快、从快到慢的快慢相间运动

传统太极拳术的特点不止这八条，但是这八条基本上足以代表传统太极拳的运动表现特点。那么这八个特点与人体健康又有着怎样的关联呢？下面从这八个代表特点一一来阐述传统太极拳运动与人体健康之间的关系。

一、大脑支配下的意气运动与健康

（一）

中国古人创拳没有现代西方的医学理论结构，“脑”在中国传统武术运动里面因为受中医学影响被弱化，甚至忽略，神经系统的概念更是没有涉及。而后来随着西方科学文化的引进，传统武术也逐渐开始应用自然科学领域，揭开了传统武术的一些神秘面纱。

西医学里面认为产生运动的动作过程是人体的神经系统在起作用，西医神经学理论后来被吸纳到传统武术现代理论体系里面。

按西医学的理论，人体由八大系统组成，其中运动系统是由骨、关节和骨骼肌三种器官组成。人体的骨骼以不同形式连结在一起，形成了人体的基本形态，并为肌肉提供附着，在神经系统支配下，肌肉收缩、牵拉其所附着的骨骼，以可活动的骨连结为枢纽，产生杠杆运动。人体的运动是肌肉骨骼受人的大脑神经系统支配所产生的一系列肢体活动，大脑部内的神经系统主宰着人体的生命活动、精神意识和感觉运动。

大脑由位于颅腔内的端脑、间脑、小脑及脑干四部分组成。大脑负责的运动系统功能部分负责产生和控制运动，产生的运动从大脑通过神经传递到身体运动神经元，达到控制全身肌肉的作用。

脊髓是主要的传导通路，能把人体感受到的外界刺激及时传送到脑体，然后再将脑发出的命令及时传送到周围器官，起到了上通下达的桥梁作用。神经系统中的周围神经包括脑神经、脊神经和植物神经。脑神经共有 12 对，主要支配头面部器官的感觉和运动。人的视觉、听觉、味觉以及表情等，都必须依靠这 12 对脑神经的功能。脊神经共有 31 对，其中包括颈神经 8 对，胸神经 12 对，腰神经 5 对，骶神经 5 对，尾神经 1 对。脊神经由脊髓发出，主要支配身体和四肢的感觉、运动和反射。植物神经也称为内脏神经，主要分布于内脏、心血管和腺体。心跳、呼吸和消化活动都受它的调节。植物神经分为交感神经和副交感神经两类，两者之间相互统一协调，组成一个配合默契的有机整体，使内脏活动能适应内外环境的需要。植物神经系统掌握着性命攸关的生理功能：如心脏搏动、呼吸、消化吸收、新陈代谢等。

日常生活中我们身躯的所有进行的运动可分为三类，一、反射运动；二、随意运动；三、节律运动。

反射运动是随意运动和节律运动的基础。随意运动是为了达到某种目的而进行的运动。反射运动不受意识控制，身躯遇到刺激时反射自动发生，如我们的手触及到很烫的东西迅速收回，或鼻子遇到外界不适时打喷嚏。反射运动完成的时间很短，参与的神经元数量少。而随意运动则是在较长时间里通过众多的神经结构来完成。传统太极拳的技击最高境界就是触手即发，也是将随意运动变成反射运动的训练结果，从而使我们人体的反应速度大大提高。通俗的说法就是把有意识的运动变成潜意识的运动。一旦有所感知或接触，身体本能反应立即做出对应的行动，而不需要再回到大脑中分析判断后做出指令进行应对。

在人体的发育过程中，神经发育和运动发育是密不可分的。

传统太极拳首先是从自我感知开始的，第一，身法中正规范；二，与人对抗过程中，对方来力的方向与根源。

传统太极拳所应用到的是人体感觉中的一般感觉，一般感觉包括浅感觉和深感觉，一般感觉通过触觉或肌肉、关节的屈伸运动、位置和深度压觉，通过这些刺激传入神经活动。

此外还有平衡感受器，也叫平衡觉，其感受器是人体内耳中的前庭器官，包括椭圆囊和球囊和三个半规管。平衡觉反映的是人体的姿势和地心引力的关系。借助平衡觉，人们就能分辨自己是直立，还是平卧；是在做加速、减速；还是在做直线、曲线运动。传统太极拳身法要求“立身中正”就是在平衡感受器下完成的，古人在练功时没有镜子来查看自己的身形是否中正，开始是由师父或师兄在一旁予以指导校正，当人体在标准身法中产生肢体记忆后，便会通过自我感觉来进行修正。

经过传统太极拳训练过的神经传导通路极其通畅，反应极其敏锐，一片羽毛掉在身上就能感知到它所带来的重量压力，蝇虫落在身上就能感知到它的四肢落在身体皮肤上的接触，甚至能清晰地感受到蚊子用嘴巴刺入皮肤的过程，传统太极拳练习这种敏捷反应，所以太极拳动作能产生“迅雷不及掩耳之势”。

当自身感知到外来之力刚刚触及身体的一刹那或将要触及身体一刹那时，身体就立即有了觉察力，并且应对这种感知迅速做出正确的反应，这个境界在传统太极拳里面叫“神明”。

知网里有多篇医学论文已证明通过人体的运动来反向促进对神经系统疾病康复的积极作用。如运动神经障碍，改善中风、骨髓损伤、帕金森氏综合征等导致的躯体活动不受支配症状。

老年人日常最多见的是老年跌跤问题。通过对身边的案例研究发现，老年人的跌跤问题，一般情况下是三个原因造成的。一是年老后筋骨强度衰减腿力不支，二是平衡感出现误差，三是神经传导问题。第二和第三种情况都与神经系统功能的衰减有关。

第一种情况是年老后缺乏有效锻炼，腿骨气血弱，筋骨得不到濡养，下肢支撑力不够。

第二种情况就是年老后平衡觉和视神经出现衰减，不能很好地判断距离和感知平衡，导致行走时对道路，特别是台阶的距离产生感知误差，以及两腿的运动平衡调节出现偏差。

第三种就是人的神经传导出现障碍或延迟问题。脑部发出指令，四肢的支配出现支配延迟、或支配障碍，动作不能协调，一只脚没有落地站稳，另一只脚就开始行动，或是给出指令后，相应动作未能立即产生，有一定的延迟。

传统太极拳的锻炼能很有效地对这三种情况进行改善，尤其是促进下肢气血的充盈，确保各细胞间的新陈代谢和传导，保证下肢神经系统有良好的感知与传导，进而改善姿势控制能力和平衡功能。经过传统太极拳的相关运动锻炼以后，老年人摔跤这种现象大幅度减少。

应用现代科学理论，传统太极拳的运动是神经系统不可分割的。尤其是传统太极拳在身心放松模式下进行练习，对人体运动系统进行支配产生各种形式自然舒张的运动，不多加一丝力，充分让神经系统放松。太极拳运动节奏舒缓，又能很好地配合神经系统正常的功能活动，使神经系统既得到有效的刺激，以保持兴奋状态，又不至于让神经持续亢奋而疲惫导致加速神经系统的衰老减退。

（二）

前面已经说过中医没有神经学的概念，中医学认为“心为君主之官，神明出焉”，神是由心产生的活动。心在中医学藏象学说里又分为作为心脏本体的心和具有意识活动的“心神”。

传统太极拳应用的是中医学的理论，强调“心神”的主导作用。那么是不是说传统太极拳跟大脑或神经没有关系呢？肯定有，只是中国的古人没有神经学的概念，所以没有提及神经。

意为心所发，先来说心。

《陈氏太极图说》说：

“天地间，人为万物之灵。而心又为五官百骸之灵，故心为一身之主，心一动而五官皆听命焉。……心之所发者正，则手之所形者亦正；心所发偏者，则手之所行者亦偏。如人平心静气，则手法身法自然端正。”

武式太极拳传人李亦畲著《五字诀》说心：

“心不静则不专，一举手前后左右全无定向，故要心静……要刻刻留心，挨何处，心要用在何处，须向不丢不顶中讨消息。”

练习太极拳心要静，要内守。

传统太极拳首先是一个“炼心”的过程。心性的练习是太极拳练习过程中要突破的第一个关隘。

在传统太极拳练习中“心”是不动的，动的只是我们的“意”，由意去感知身体和支配身体。心若动，一身之主方寸紊乱，身形就会偏倚。“心”为帅府“意”为将，“心”运筹帷幄，“意”支配身体运动。

在练习之初，我们带着很多目的，为练习太极拳赋予了更多的期望。在练习的过程中，就会有各种想法，各种念头，内心难以平静。心不静，则意不专，意不专则气难平。特别是在我们站桩的过程中，身体相对比较安静，思想却更加活跃。而当我们平时身心没有在站桩这样静止的时候，却很难发现内心的各种想法，一旦安静下来，他们都跑出来了，各种干扰，各种焦躁不安。站桩时迸发的这些、那些个稀奇古怪的各种念头，我们称之为“心魔”。

当我们能把心安定于练拳的那一刻，开始关注我们的身体状态时，关注着我们的呼吸，关注着我们的意识，就会慢慢地平静下来，思想安定，“精神内守，真气从之”。

陈鑫著《太极拳论》说“我守我疆”，我只守住自身重心圈以内的空间，重心圈以外，不原地强求。如与人对战，“远拳近肘贴身靠”，距离不够，上步再打，切记身形外斜，重心偏移不稳。心不贪，身法自然寂然不动，沾游黏随，牵动对方，不急不躁，得机得势后发人制胜。诸多拳论中，都是让我们先正其心，清心寡欲，没有杂念、妄想，不消耗精气神，固本培元，颐养人身之正气。

传统太极拳的练习可以让我们逐渐练习内心的宁静与中正，而不是学太极拳先需要一个宁静的心。终是拳练人，不是人练拳。

心不躁动，气便不会散。内心不动，则身形寂然不动，保持中正平衡之势，稳如磐石。

传统太极拳是一项意与气的运动。

太极拳的“意”包含“感知和支配”。传统太极拳拳论里的这个意的感知与支配，是由心神主导的。传统太极拳术里面，一部分的意主要用来感知身体自身的状态及身体与外界、外力的接触感应，称为“阴”，而另一部分的意念则是用来支配身体进行活动，称为“阳”。

《太极拳论》中说：

“一羽不能加，蝇虫不能落，人不知我，我独知人。”

这就是传统太极拳感知的意。先训练感知自身，让周身达到一种敏锐的状态，始终在感知外界给予身体的感受。“一羽不能加，蝇虫不能落”，可以说这是传统太极拳对人体在“意”方面练习的终极要求。首先是人的身体在思想极其安静，全身的意识、肌肉、呼吸在极其放松的状态下，经过长时间的练习，人体表层皮肤对外界产生极其敏感的感知，这种感知不仅仅是身体上的感知，甚至超越了人自身身体的感知。

王宗岳著《十三势论》中说“凡此皆是意，不在外面”，以意运气，以气运身，这是传统太极拳支配的意。

《简易经》里所述：“德化情，情生意，意恒动……意恒动，识中择念，动机出矣。”意思是：人的道德品行能演化出性情，性情能生出意，意不停地运作即意识。在意识运作中，就会有选择的进行意识转化为动机，来支配人的身体进行动。

这些含有支配的意也是含有理的意，传统太极拳的意含有太极思想的理。传统太极拳的理在内，不在外。现在有些太极拳因为简化需要去掉了很多的意，空有其形，失去了传统太极拳的内涵。所以，本书经常用传统太极拳与太极拳来进行区别。传统太极拳是指内外兼修的古老太极拳体系，而太极拳则包含市面上所有练习的太极拳，有传统的，也有些是自编自创的新套路。

传统太极拳练就人的意、气、形。最初的练习还是从外形开始，先把身形身法调整到位，动作做到标准，这样运动中的误差就会逐渐缩小，内气自然就会慢慢合聚到丹田一起。在持久的练习过程中，这些内气被充分调动锻炼，越发日益强壮。最后是意识调动内气的运行，内气推动身体四肢百骸来进行运动。所以太极拳先练阳，用外形导内气，以意导形，以形练气；后练阴，用内气推外形，以意导气，以气催形。

在通过传统太极拳的长期练习后，人的思维意识逐渐慢慢开始学会全神贯注的内收，养成一种内观自我的心理状态习惯，收摄身心，“精神内守”，关注内气在体内的流动，保养体内的精、气、神。

（三）

太极拳论常说“用意不用力”，再来说一下意如何行力。

在道家养生思想中，各类的肢体导引运动注重周身筋骨的相合产生力，例如少儿在两岁左右的时间尚无肌肉可言，但是他们的抓握还是很有力度的，有的小朋友双手抓握单杠，在没有旁人的帮助下，身体悬空能坚持两三分钟，这股力量是来自哪里呢？道家认为是充盈的精气支配筋骨相合产生的劲。

劲和力虽然都是人体肌肉和骨骼结构产生的，但是在传统太极拳武术体系里面，却大有不同之处。

传统太极拳术认为我们日常所说的力是笨劲、拙力、僵力。由肌肉收缩或舒张产生局部力量叫“力”。而用周身筋骨相合产生的灵活多变的整合力量叫“劲”。

传统太极拳尚“劲”不尚“力”。

肌肉发出的力量过于笨拙，虽说有力量，不善于因敌变化，贯穿性不强，持续性不够，方向性单一，且容易被对方阻截、化解掉。

由周身筋骨相合发出去的劲，是用周身配合旋转，借地面的力量，全身的肌肉在放松的状态筋骨相合产生的力量，所以这种力量贯穿性强，冲力强，持续性强，并且阴阳相济，变化多端，一个劲道出去，多个方向都可以击打，还可以在出击的过程中化掉对方的阻挡破解之力。

正因为“劲”是在身体肌肉放松的状态下发出的，所以可以很好地带动气血的运行，而且是有氧状态。当肌肉在收缩时，腠理之间结构紧实，气血难以通过。

达到中级练习水平的人，传统太极拳运动过程中肌肉产生的力要求不到20%，而最终的标准是“抟气致柔如婴儿”的状态。

王宗岳在《十三势行功心解》中说：

“意气须换得灵，乃有圆活之趣，所谓变动虚实也。”

只有不用僵力，而由“意气”产生的肢体运动才圆转灵活。

在传统太极拳这种肌肉放松的运动中，我们的思想意识活动也可以很轻松地工作，不必一直处在亢奋的状态。传统太极拳是一种时时刻刻放松的运动，两三年以上的练习者一般演练陈氏太极拳老架一路 18 分钟，体内的气带动周身气血运行，产生热量，毛孔打开排汗调节平衡，但人可以依然心平气和，不喘气。健康运动的效果达到了，对身体却没有任过多的负面消耗。而正是这样一种放松舒缓的动作，我们的神经系统也是在一种舒缓的状态下工作，不至于一直亢奋、紧张，以致疲劳。

这就是为什么一些竞技类的运动完了很疲惫，有的还需要一两天才缓过来，而且年龄越大越明显。而中国传统武术，特别是太极拳同样让身体体能得到有效锻炼后，主观感觉很愉悦。

(四)

深受中国武术文化传播的影响，我们中国人很容易理解“气”这个概念，或者说内功的概念。气是传统太极拳拳论中的核心部分，可以夸张的说，传统太极拳也叫“气拳。”

气自古以来就是中国文化思想的核心。

作为自然界中流行的寒热温凉的大气以及作为生命现象的气息，古人一直在论证气的起源和构成及发展。中国古代气论的最初鼎盛时期应该是在古代春秋战国的诸子百家争鸣时代，最具代表的是齐“稷下大学”的邹衍等阴阳家，他们已经很体系地构建了阴阳五行学说。

到西汉后期，学者们又根据五行阴阳思想确立了自然天道和人道的相互关系，在探索宇宙的起源和发展中，再依据《周易》乾卦“元亨利贞”中“元”的概念，结合生成万物阴阳二气的本体论，提出了“元气”的概念，元气是生命的本始。汉王充在《论衡·言毒》中说：

“万物之生，皆禀元气。”

后来而由“元气论”产生的“气一元论”是我国古代哲学中最朴素的哲学思想，也可以说是古代哲学思想的最高范畴。

气一元论认为宇宙以及万物都是由气组成的，气是构成宇宙及万物的最基本物质，运动是气的根本属性。正是由于这个运动的根本属性，气内部的组成部分——阳开始运动，剩下静止而跟随阳一起运动的部分就为阴。阳动阴静，“分阴分阳，两仪立焉”，所以在运动中就产生了阴阳二气。阴阳二气在不同的维度、时间、地点，以不同的禀赋运动产生了水、火、木、金、土五行，由此也产生了中医学的气—阴阳—五行理论，用以揭示生命的本质和生命整个过程中生、老、病、死相关的活动变化规律。

而按照中医学的理论，中医学把气分为自然之气、生理之气、病邪之气和药物之气。

自然之气包括：天地之气、四时之气、五行之气；

天地之气是指阴、阳二气。

四时之气是指一年四季中的寒、热、温、凉之气。

五行之气是指木、火、土、金、水之气。

生理之气是构成人体之气、以及人体内的元气、宗气、营气、卫气和脏腑经络之气；

病邪之气包括风寒暑湿燥火六淫之气、毒气、恶气等；

而药物之气便是指用于治疗疾病的中药草自身所具有的寒、热、温、凉、平及升降沉浮各性之气。

《素问·宝命全形论》说：

“夫人生于地，悬命于天，天地合气，命之曰人。”

中医学和“气一元论”都认为，人是由气构成的，气是构成人体和维持生命活动的最基本物质。

人体的气是由先天之气、后天水谷精微之气和大自然界中的清气三者和合而成。后天之气包括宗气（卫气、营气）和经络内流行之气。

宗气产于后天，由我们日常饮食中的水谷精微在体内的运化后和自然界的清气在体内和合而成。主要用于管理我们呼吸系统，帮助心脏里的血液进行氧气和二氧化碳的交换及推动血液循环。

营气是宗气的一部分，它流行于血脉之内，贯通经络及脏腑，在血脉之中化生血液以营养全身。

卫气作为宗气的一部分，散布在经脉之外，护卫着人的体表，防止邪气侵入。调节着肌肤腠理的开合，温养着脏腑和肌肉。此外，卫气的运行和睡眠也有关系。白天卫气替我们守护体表，我们是在清醒的状态。到了晚上，卫气工作一天，需要休息修养，所以要睡觉休养。

这些先天之气和后天之气在体内就被统称为“内气”，也叫“真气”。气在体内具有推动、温煦、防御、固摄、营养、气化等功能。虽然被分为几个种类，在生命活动中却整体统筹，相互协调，一起维系着人体的正常生命活动。

先天之气生化我们的后天之气，我们用后天之气回补先天之气，相互依存，相互促进。

在前面的关于人体病因病机的简述中，中医学已经将气的虚盈对身体健康的影响做了简单的叙述。

《灵枢·本神篇》也说：

“是故五脏，主藏精者也，不可伤，伤则失守而阴虚，阴虚则无气，无气则死矣。心藏脉，脉舍神，心气虚则悲，实则笑不休。肺藏气，气舍魄，肺气虚则鼻塞不利少气，实则喘喝胸盈仰息。肾藏精，精舍志，肾气虚则厥，实则胀，五脏不安。必审五脏之病形，以知其气之虚实，谨而调之也。”

对气的虚实和五脏之间的生理活动做了关联阐述，说明气的虚盈会影响五脏的功能，进而影响身心的健康。

《素问·举痛论》说：

“余知百病生于气也。怒则气上，喜则气缓，悲则气消，恐则气下……”

作为生命生生不息的气，一直是道家的炼丹修仙之法。道家的内丹思想体系，服气也是重中之重。关于气的修养，道家的修炼方式方法难以胜数。

作为有着道家养生学说思想元素的太极拳一样注重气的练习。《陈氏太极图说·序》说：“天地之道，阴阳而已，人身亦然。顾人身之阴阳，往往不得其平，则血气滞而疾病生，故炼气之术尚焉。”炼气之术以道家为长，以平衡阴阳，活气导血，祛除百病。道家善于养生的人，皆以炼精化气为主。传统太极拳应用了道家的养生学说思想后，就自然嫁接了道家丹田内气的修炼之术。

传统太极拳以丹田为核心，呼吸的意识在丹田的腹式呼吸，其讲究“细匀绵长”。这种呼吸方法能使我们得以更有效地汲取大自然界清气的能量物质，能更有效地和经过脾胃运化以后的谷精微之气相互产生宗气，从而壮大元气的能量，使我们日常所消耗的元气得以补充。

《太极拳论》中说“动之则分，静之则合”，是说武术中身法的开展与收合，也是内气的分与合，这也属于导引的一部分。随着身体肢体动作的开合，体内的气也随之分分合合。《太极拳十大要论》中说：“气为血之帅，血为气之海”，气在运动的同时血也随之运行，开合来回。维持我们人体正常生命活动的基本物质除了气，还有血、精、津液构成。血、精、津液皆依靠气的能量推动才得以运行，濡养五脏六腑、四肢百骸。

《陈氏太极图说》中说：

“何谓气，即‘天行健’一行字，天体至健而所以行。此健者，气也。不滞不息，不乖不离，不偏不倚即是中气。”传统太极拳练就的是健行不止的内气、中正不息的正气。

中医学亦有中气一说，中医学里的中气乃脾胃之气。升降协调的冲和之气，以升为主，升举内脏。李东垣著《脾胃论》中说：

“胃气者，骨气也，营气也，运气也，生气也，清气也，卫气也，阳气也。”

“百病皆由脾胃衰而生也。”

中医查看重症病人一般都会查看其胃气状况，凡胃气强者，可救。胃气虚弱、亡者，不可救。趺阳脉在足阳明胃经的线路上，具体位置在足背最高点两条筋之间的凹陷处，按下去里面会有动脉搏动的感觉，也是冲阳穴所在。

道家养生系统也有中气一说，指冲脉之气，下起会阴穴，上至百会穴。传统太极拳理论“虚领顶劲”，即是道家养生体系的中气灌顶。中气即清阳之气，清阳之气上升以养神。

《脾胃论》还说“中气，即孟子所谓浩然之气，即《易》所谓保合太和之元气也。”

传统太极拳是“炼气之术”。

传统太极拳的中气是指流行于腰腹、四肢腠理筋骨之间的气，以该结构的中心为起点，向四面八方自然展开，不偏不倚。此气是借体内宗气，将宗气炼至“至刚至大”，再与意、力组合在一起，就是我们常在武术典籍里面看到的“内功”或“内气”。此内气有别于中医学的“内气。”医学的内气纯指的是生理营养之气，而武术的内气则是指意念的中正刚柔之气。

我们借先天之气来练习出传统太极拳的内气，内气充盈后又会反过来对体内的后天之气、先天之气有所提升、补益。传统太极拳是一种松柔的拳法，传统太极拳这种舒缓的意气导引运动方式能更好地将含氧气血输送至各末端，进行交换代谢。

而在传统太极拳练习的过程中，最主要的是人体的阳气得以很大的锻炼和提升，而这种阳气是体内的正气，也是与人体免疫力息息相关的。

华佗说：“得其阳者生，得其阴者死。故凡欲保生重命者，尤当爱惜阳气，此即以生以化之元神，不可忽也。”

意气运动是太极拳的标志性特征，这种独特的运动方式通过人体的经络系统与人体的神经系统、运动系统、呼吸系统以及循环系统都进行了有机的结合，是中西医学结合传统武术的良好开端。

二、身肢放长的弹性运动与健康

关于身肢放长，首先要能理解传统太极拳的放长不只是身肢的放长，还有意识的放长。仅有身肢的放长，没有意识的放长，或是仅是意识的放长，身肢并没有放长，都不是传统太极拳里的放长。只有二者合一，人体身、意、气、力的放长才是真正的放长。身心不二，太极拳亦是如此。

伏羲画八卦，八卦环绕成圈，四正四隅，八卦合八方，面面俱到。

传统太极拳是膨胀拳，是身体向四面八方展开的拳，是身体八面支撑的拳。身肢放长并不是单一纵向的伸展，还包含横向的张开。传统太极拳一定不是某单一方向的运动，一定是身心弥满六合的运动。

老子在《道德经》第五章说：

“天地之间，其犹橐籥乎，虚而不屈，动而愈出。”

天地之间像一个巨大的风箱，看似这个风箱中间空虚什么也没有，其实那些无形的能量蕴藏在天地间，强大而无有穷尽，运动起来的时候生生不息，周流不止。

橐籥之虚，才蕴藏天地无穷的能量。

天地大宇宙，人身小宇宙。人象天法地，取法自然之道。

在练习传统太极拳时，人的意识要想象自己的身体像一个风箱一样要虚、空，忘记我们自身的骨、肉、经、脉，仅仅一张空皮囊，里面只有内气的充盈与往来。感觉自己的身体像是一个被充满气的气球，保持在一个自然膨胀的状态，无限放长的状态。

如果内心没有虚空这种意识状态，身体将很难做到虚、空，那么内气也就不能弥满身躯百骸之中。只有保持虚、空的意识，身体自然会向四面八方张开，这是意的导引。

在这个练习过程中始终讲究一个“松”字，也只有松，才能虚。这里的“松”是指意识的放松，肌肉的放松。只有在放松的情况下身体才具有弹性，有了弹性才能有延展和放长。

传统太极拳练习后身形的壮大不是肌肉的发达，而是内气充盈的壮大。脏腑之间、腠理筋骨之间都被内气撑开。相对与肌肉的壮实，内气的壮大使身体的各个围度增加，但是体重并没有像肌肉发达壮实增加的一样多。内气的壮大使人体充实起来，但实际上并没有给身体带来体重上的负担。肌肉的发达壮实，按上去是硬邦邦的感觉；内气的壮大，按上去是柔软的感觉，但气聚在一起时就会变得至刚至强，外柔而内刚。

在练习传统太极拳中一些发力动作时，最能体会到身肢放长的感觉。

我们先来看一下传统太极拳发力的运行轨迹。

王宗岳著《十三势论》中说：

“其根在于脚，发于腿，主宰于腰，形于手指，由脚而腿而腰，总须完整一气。”

这种由下往上的发力轨迹在根本上与西方运动的发力轨迹有大不相同。西方大多是局部的发力，或以腰部直接向上发力。

传统太极拳是通过放松身体肩、腰、胯、腿，心气引领身体体重量向下松沉，传到脚底后与地面产生压力。根据力的反作用力，这股力量从地面再返上来，同时借助腿蹬地面的劲，继而行于腿，再上到腰，然后通过腰这个枢纽发出去到梢节。

在这一系列的发力过程中，周身放松一体，一气贯通。极少或几乎不借助肌肉的发力方法，仅用筋骨相合产生劲道。脚蹬地，移走裆胯加上旋转身体产生劲道，将力发于肩、肘、手或其他地方，这一路，筋骨都要张开放长，才能让身体在自然放松的状态下发出自由无碍的贯穿劲。

例如在陈氏太极拳拳架里最有标志性的动作——掩手肱拳，在最后发力出右拳时，前拳后肘，开胸开背，两臂右前左后拉开，借腰身旋转迅速放松发出去，这个时候胸、背、肩、肘、腕都要求自然张开，身法的要求是每一关节点都要打开放长。即使对方与你在自然状态下，手臂一般长短，如果身体在放松的状态下有了身肢放长的意识，就能比别人长一寸。这里的放长包括胸背四肢筋骨的对拔拉伸放长，还有人体意识的放长，打出去的拳不只是打在对方身上，更要有透过对方身体打到无限远这种意识的放长，这样，劲才有穿透力，劲道持续时间更长。

这种没有肌肉束缚的自由放长，会带动经筋、韧带的自由最大程度伸展。因为不是僵力的强拉硬拽，所以不会对韧带产生伤害。随着练习日益强壮，经筋、韧带也全面得到了最大程度的平衡锻炼有效保持身体结构的稳定性。

传统太极拳拳法中有居多身肢放长的要求。

传统太极拳要求气沉丹田，丹田始终有下坠之意，头顶百会穴又向上虚虚领起，一上一下，对拔拉伸，就是放长。沉肩坠肘也是放长，丹田的充实也是放长。

传统太极拳以脊柱行拳，特别注意脊柱的对拔拉伸。行拳中对脊柱要求命门凸起与整条脊柱保持一个平面，尾闾中正下沉，含胸松背，两肩胛骨左右展开。在前后左右的身法要求下，整条脊柱被上下左右自然的对拉开，都是放长。

脊柱有着自然生理的弯曲，如果腰部在水平面上做水平旋转运动，脊柱轴心如果不够直线，在旋转力的过程中就会发生离心力，旋转时脊柱离旋转轴心越远则离心力越大，力就越发不能集中在脊柱的中心点，这种偏差越大，力就越散，所以传统太极拳对脊柱的要求是虚领顶劲、气沉丹田的对拉拔长，且尽量成直线左右旋转运动。

气沉丹田的腹式呼吸也是对拉拔长，脏腑从而受到内气带动胸膈膜上下运动的按摩挤压，促进脏腑结构组织内的血液流动，刺激脏腑结构组织的新陈代谢，生长发育。

身体在放长时处处张开，在处处张开的引导下，身体的各个细胞都有放长之意。被内气撑开的身躯、腠理、血脉的空间变大，以便于内气充分鼓荡，冲击经络通道。

身肢放长之意，也包含传统太极拳中气的上升，这种中气的升阳之举就会减轻脾胃中气主升功能的负担。中医认为，脾益升举，向上的升举放长对脾也是很好的补益，有升就有降，各行其道。

现在都市中，电脑、手机以及各种电子产品的广泛使用，颈椎病几乎人人都有，多数是因为我们低头看手机或书时，不注意方法，头部的重量长时间压在颈部椎关节四周的的筋骨和腠理上，导致气血不畅，致使附近的经络腠理变硬，气血不能很好的运行新陈代谢，筋骨的支撑力和柔韧性渐渐就会被削弱。加上头部长时间的姿势不正确，造成椎间盘的间隙偏差，椎间盘甚至被偏移挤压附近的神经，导致产生麻木、疼痛感。在椎间盘受力不均的情况下，椎间盘就会突出、膨出。

在传统太极拳拳法里面，要求整条脊柱的骨节在身肢放长下进行纵向上领下坠的自我对拔拉伸，起到医疗牵引手段的功效。传统太极拳运动通过意识主动的脊柱对拔拉伸运动，使得脊柱四周的肌肉、筋经、韧带等软组织得到牵拉伸展，增加其力量和弹性，使得脊柱各椎体间保持正常的纵向距离。在自我伸展牵引、稳固调整椎体以及椎间关节、协调脊柱系统的内外平衡等作用下形成稳健中正的姿势，促使椎间隙轻微拉开，减少磨损。各椎间关节对位改善，修正椎小关节的微细偏差变化，进而解除对脊神经、脊髓、血管的纵向压迫和刺激，促进新陈代谢，营养椎体四周的筋肌韧带等，增加其韧性，从而起到对脊柱的保护作用，调节脊柱系统的整体平衡，使脊柱的某些症状减轻或消失，起到自我修复的功能。而脊柱两侧的经络也会得到导引，从而提升健康状态，这一点将在后面讲述。

办公室人员或流水线作业等长期坐椅的工作人员，都会遇到腰椎问题。长时间的坐姿工作状态，年轻时或工作之初，我们体内的升举之气还很旺盛，能保持腰椎周围的气血鲜活。但是经过长期长时间的坐姿工作状态后，随着缺乏运动和年龄的增长，升举之气越发虚弱，整个身躯的重量全部往下压，加上身躯左右的转动，腰部位置劳损、受压，腠理间筋肌韧带中的气血代谢缓慢或滞留，失去弹性或韧性，难以保护腰椎体，腰椎病就慢慢形成了。如果再加上一些不正确的坐姿，那就更快了。

在练习放长的状态下，关节是最能被自然拉伸开的。在身肢反复放长的练习过程中，一些劳损的部位，僵硬的肌肉会被疏散，气血通过后，新鲜的气血会逐步促进劳损地方的新陈代谢，保持筋骨的柔韧性。

身与意放长目的是最大程度导引气血的流通和强度，气血的流通和强度则可以更积极的影响新陈代谢。

三、顺逆缠丝的螺旋运动与健康

（一）

我们总能看到一些传统太极拳大师们在表演拳法套路时，身躯、手臂总是在旋来扭去的，朝各个方向转动，这种独特的运动方式就是传统太极拳的缠丝功。

这种缠丝功是传统太极拳独有的一种身法运动形式，由缠丝功产生出的缠丝劲是陈氏太极拳的精髓。

陈氏先祖以河图洛书为理论源泉，观天星运行变化，比类取象，以人体之运动效法天体之运行，创造出了独特的螺旋缠绕武术运动形式—缠丝劲。

《陈氏太极图说》说：

“悟打太极拳须明缠丝精。缠丝者，运中气之法门也。不明此，即不明拳。”如果说练习传统太极拳，不明白缠丝劲的运行方法，那么就很难搞清楚传统太极拳的奥秘所在，或者说就不能入门。

缠丝劲运行方式多式多样，千变万化。《陈氏太极图说》继续说“太极拳，缠丝法也，进缠、退缠、左右缠、上下缠、里外缠、大小缠、顺逆缠。”

陈鑫先生作为陈氏家族武术理论集大成者，将“缠丝劲”定位至其家传功夫的核心地位，足以可见“缠丝劲”的重要性。而在《陈氏太极图说》卷一、卷二、卷三中，陈鑫先生对陈氏太极拳的套路做了详尽的说明，并且对各个招式中身法的缠丝劲做了画图路线说明。

前面一节，阐述了身肢放长运动形式对人体健康方面产生的积极作用。这种身肢的放长拉伸，对于腠理、经脉、筋骨都有较好的养生健康效果。

但实际上身肢放长大部分还是停留在意念的方面。比如说手和小臂的结合部叫手腕，在意念的导引下，放长对拉，将两者的距离拉开不会超过 2 毫米，所以肢体放长实际上很难有突破，大多只是身形的动作误差。

随着年龄的增长，我们学会了慢慢地使用局部肌肉的拙力，身体也缺乏锻炼保持筋骨和韧带的柔韧性，慢慢的大部分筋骨和韧带就收缩或者萎缩，老年阶段还会有钙化的现象出现，那么人肢体的一些活动就会受到制约，且越发趋于僵硬。这种情况下如使用强力进行肢体活动，就会拉伤韧带或肌肉，甚至影响正常生活。

有句养生谚语“筋长一寸，寿长十年。”人体的筋骨构造是非常精密的，那么要想真正意义上有很大的垂直对拉放长身肢不太可能。这个筋长一寸，是指增加身体筋经韧带的柔韧性。

我们知道，两点间垂直线段的距离最短。那么怎么让我们的筋变长呢?

先祖们的智慧创造了绝妙的一个方法—螺旋方式旋转肢体。通过旋转，将这条垂直的线段扭曲变成螺旋缠绕，这样就将垂直于两段的筋或韧带拉长了。

而在旋转拉长的过程中，筋骨又得到了全方位的锻炼。筋或韧带的质量也发生了变化，更厚、更宽、更长，柔韧性更强，收缩更有力。

根据人体的结构，颈、肩、肘、手、腰、腿、膝、踝，手指、脚趾，每一块可以活动的骨头都能得到旋转锻炼。

传统太极拳这样独特的旋转方法，效法于天体的旋转运动方式，仿地球的自转和公转一样的运动方式，确属古人的智慧。

陈氏太极拳缠丝劲的核心是丹田的缠丝。

第一种是丹田左右旋转的运动方式；第二种是丹田的前后旋转；第三种是丹田既有前后，又有左右的旋转。陈小旺老师的丹田就像是一个悬浮的皮球，可以自由的旋转，可软可硬，甚是神奇。他总结概括出了传统太极拳的三种丹田运动方式。

第一种丹田的左右旋转，主要是形成身躯的缠丝。躯干的缠丝带动肩、肘、手的螺旋缠绕运动，就形成了肩、肘、手的缠丝劲。丹田的左右旋转还影响胯、膝、脚，形成下肢的缠丝劲。最后形成了以丹田为核心的全身一动而全动的旋转缠丝的运动体系。

第二种前后的旋转方式，是由丹田的前后旋转带动胸腰由前往后或由后往前的胸腰折叠变运。例如金刚捣碓最后一式，重心在左腿，左掌掌心向上在丹田处，右拳向上螺旋领起手肘，同时右腿松胯提膝，肘膝相合，然后落右腿，震脚开步，同时砸右拳向左掌心。我们一般只能看到手脚四肢的运动，丹田在体内是不容易观察到的。其实这个动作里面，起右拳提膝时，是由丹田往后旋转带动的，而震脚砸拳的动作是由丹田向前旋转带动的。传统太极拳是内家拳，不能看外形，还得有内涵，内外合一，周身才浑然一体。

丹田的第三种运动形式，是包含第一种运动形式和第二种运动形式兼而有之的，混合一体的运动形式，它不是丹田单独的左右旋转、或是丹田单独的前后或后前旋转，而是既有前后又有左右的运动方式。

传统太极拳的有些动作往往同时由三种运动形式带领肢体完成，因而招式不同，主次不同。这三种运动形式都是以丹田为核心的，丹田运转形成身体的整体螺旋缠丝运动形式，这是传统太极拳的核心运动规律。

传统太极拳应用道家对丹田修炼的重要性，将丹田练习列为核心位置，在前面养生理论体系构成里，已经阐述过了丹田修炼对人体健康的积极作用。

例如缠丝功的最基本身法——单手正面缠丝。预备定势时重心在右腿，气在右手，丹田带动腰身向右旋转带动右手进行“顺缠”，以右手小指领劲，手、小臂、大臂相继开始转动，这个时候气就从手到小臂到大臂到肩部；然后丹田又向前旋转，心气下沉，这个时候气就从间往下落到了腰间，手臂也落了至腰间高度；下一步，右腿蹬地产生力，胯、膝、脚推动身体向左腿移动重心，右臂肩肘手旋转掌心向上靠近丹田，气从腰间也进入到丹田；丹田左旋转带着腰身，右臂肩、肘、手向内旋转抬起至肩平，气从丹田穿命门上了脊背；丹田再向右旋转同时左腿蹬地，胯、膝、脚推动身体向右移动重心，气从脊背向右流行，以大拇指领劲逆缠推动右臂肩肘手节节展开，气到手。

单手正面缠丝功分左右手，在左右手的运动过程中，两手臂的手三阳经和手三阴经以及腿部足三阳经和足三阴经都全部得到螺旋缠绕的运动训练，还有胸、腰、腹部也进行顺逆的缠丝劲运动。传统太极拳的动作不止基本功如此简单，套路中涉及了全方位的缠丝劲法，“拗步”向前的缠丝，“倒卷肱”的向后的退缠，“云手”向左缠，“懒扎衣”向右缠，“摆脚跌叉”的下缠，“金鸡独立”的上缠。丹田之气在体内通过经络循环往复，既锻炼了丹田的协调能力，又锻炼了气血的能量。

（二）

缠丝劲应用在身体健康方面，更是有显著的功效。

陈鑫先生在解释缠丝劲的理论时说：

“能善运气，始能卫其生命；能卫生命，则复性有所资养，气有所赖矣。此太极拳是有益于身心性命之学。”

前面讲过，人体表层是由一张网状的经络所串联包围，经络外联肢节，内通脏腑。

而经络的起始端又集中在四肢，太极拳的动作准则是“以身领手”，身躯在下肢的承载下带动上肢完成。

在身躯带动进行练习的状态下，两手臂、两腿都是在做不同的缠丝劲运动，“进缠、退缠、左右缠、上下缠、里外缠、大小缠、顺逆缠。”在各种的缠法的训练下，两臂、两腿都得全方位的旋转，附着在两臂、两腿骨头上的筋经、韧带都在进行各种方式的旋扭。那么在它们周围，筋膜之间的经络通道也在旋转扭曲中得到了拉伸和挤压以及不间断的舒张和收缩。

缠丝功旋转产生压力能有效地促进气血的循环交换以及微循环的有效工作。

人体微循环是指微细动脉血管流向微细静脉血管的部分，最根本的功能是人体组织细胞吸收营养和氧气、排出代谢废物的交换场所。

王自勇著《实用医药基础》中说到微循环对人体的作用：

“1. 物质交换。毛细血管内外物质交换是通过扩散、吞饮及滤过——重吸收三种方式，其交换的速率取决于毛细血管壁的通透性。大分子物质的转运还可通过毛细血管内皮细胞的吞饮作用实现。

2. 回流机制。在毛细血管内存在着毛细血管血压及血浆胶体渗透压；而在组织间隙中有组织液静水压及组织液胶体渗透压。毛细血管内外这四种因素构成了两对力量，一对是毛细血管血压和组织液的胶体渗透压，它们是组织液的滤过力；一对是血浆胶体渗透压和组织液的静水压，它们是组织液的重吸收力。在毛细血管动脉端为净滤过，静脉端为净回收。血液在毛细血管中流过，血压是逐渐下降的，有效滤过压也逐惭降低至零，再往下行，血压更低，有效滤过压转为负值，其结果，毛细血管动脉端滤过的液体，约 90%可在毛细血管静脉端重吸收入血。约 10%的组织液则进入毛细淋巴管，生成淋巴液，淋巴液经淋巴系统又回到循环系统中去。因此，造成了组织液生成与回流的动态平衡。”

微循环俗称毛细血管，肉眼是看不到的。毛细血管有多细呢？是头发丝的 1/20 这么细，一张白纸的 1/100 这么薄。人体的毛细血管总共加起来的长度能绕地球两周半，这么细长的血管最常见的问题就是淤堵，有了淤堵就会出现微循环障碍。

微循环功能障碍或微循环血流流注量减少时，营养物质和氧气不能满足组织氧化代谢的需要，同时组织器官中的废物不能及时排出，可导致组织器官功能不全或衰竭，这也是许多疾病发生和发展的重要原因。现代医学证明：人体的衰老、高血压、糖尿病及许多心脑血管疾病，都与微循环有密切关系。所以，微循环的功能正常与否，是人体健康状态的重要标志之一。毛细血管与心脏不同步的自律运动，将血液进行第二次的调节、第二次的流注。微循环也因具有这种重要的生理功能，所以，在医学上被比作人体的“第二个心脏”。

缠丝劲这种自然的旋转是在放松的状态下进行，气血能很好的通过并能进行深度的交换。缠丝劲的旋转产生的压强能很好的将腠理或经络间的寒湿郁结推开，组织粘连部分在旋转过程中被拉开，便于气血通过。有些淤堵的情况，也会在这种旋转产生的压力下被疏通，淤堵物会被推动交换排泄出去，末端长期的淤堵会得到有效改善。这种锻炼对手脚冰冷及冻疮有很好的改善。

前面我们介绍过人体经络的基本常识。我们知道各经络的循行方向是不同的，即便是同在一支手臂上的经络。下面详细的介绍一下各经络的起始及循行方向。

手太阴肺经，从胸旁的中府穴到大拇指指甲根部外侧的少商穴，由上往下。

手阳明大肠经，从食指的商阳穴到鼻子旁边的迎香穴，由下往上。

足阳明胃经，从眼睛下面的承泣穴到次指脚指头的厉兑穴，由上往下。

足太阴脾经，从大脚趾内的隐白穴到胸肋处的大包穴，由下往上。

手少阴心经，从腋下的极泉穴到小指的少冲穴，由上往下。

手太阳小肠经，从小指的少泽穴到耳朵前面的听宫穴，由下往上。

足太阳膀胱经，从眼睛内侧的晴明穴到到小脚趾的至阴穴，由上往下。

足少阴肾经，从前脚掌的涌泉穴到胸部的俞府穴，由下往上。

手厥阴心包经，从乳头旁的天池穴到中指的中冲穴。由上往下。

手少阳三焦经，从无名指的关冲穴到眉梢旁的丝竹空穴，由下往上。

足少阳胆经，从眼睛旁的瞳子髎穴到第四脚趾的足窍阴穴，由上往下。

足厥阴肝经，从大脚拇指的大敦穴到胸肋部的期门穴，由下往上。

人体阴经和阳经的循行方向不同，保持了人体阴阳的平衡状态。

正是因为人体的经络走向不同，所以气血在各经络之间的流向也是不同的。传统太极拳无招不缠，身体无处不缠。在全方位的缠丝劲运动下，人体的十二经络全面有效的进行了导引和推动，内气在经络间也是或顺或逆的进行流动、交换。手三阳经和手三阴经在手部进行了阴阳交换，足三阳经和足三阴经在脚部进行了阴阳交换，阴阳二气在手足和丹田之间进行有效交换，周身贯通一气，迴流不息，阴阳二气也得到了双向的平衡调节，确保“阴平阳秘”的健康状态。

四、立身中正、上下相随的虚实运动与健康

（一）

传统太极拳的一些拳论，既是练习太极拳的准则，又是做人的准则。练拳先做人，练拳就是修身。

先说立身中正。

立身中正在这里不仅仅是说在练习太极拳时的身法要保持中道，不能前俯后仰，左歪右斜。而更为重要的是人的思想状态和品德修为要无所偏倚，无所乖戾，规规矩矩，堂堂正正，不失中道，不丢气节，才能审时度势，待机而动。

只有你的思想中正了，身体才能中正；思想偏了，身法也自然就偏了。思想过于谦让，身法就会不及，劲合不到位；思想妄想太多，身法随之就过度，劲就会出圈，重心失衡。

前面已经讲到君子修身要“先正其心”。《大学》第六章说：“所谓修身在正其心者，身有所忿懥，则不得其正，有所恐惧，则不得其正，有所好乐，则不得其正，有所忧患，则不得其正。心不在焉，视而不见，听而不闻，食而不知其味。此谓修身在正其心。”

心正则身正，身正则气正。心气自然平和，气机亦顺畅通达。

只有思想上的中正，身法上才能中正，思想保持既中又正，才能保持平心静气，虚心实腹，凝神聚气不动心。“心正而后身修”。这种“中和”的恰到好处与太极拳论的“无过不及”“不偏不倚”同出一辙。传统太极拳处处中正，不偏不倚，无过不及是太极拳动作的最终目标。

在日常生活中，遇到事情我们会有情感表达，这些情感表达得恰到好处，是一种和谐的表现。如果表达得违背情理，有失常态，让人感到不适或是反感，则实为乖张之举。

《管子》说：

“凡人之生也，天出其精，地出其形，合此以为人，和乃生，不和不生。”

张景岳《类经》中说：

“气之在人，和则为正气，不和则为邪气。”

思想中正，身法中正，内气自然中正而和合，“致中和，天地位焉，万物育焉”。中正是天地之道，中正后天地万物自生，这样生命才能生生不息。中

正不持，则阴阳不平。思想的乖张必然会带来身法随之歪斜，气机则散而不顺，虚实不明。气机不正时，筋骨需要气血支持的地方就不够，不需要的地方却又溢出横行。气本无正邪之分，中正之时，各就各位，皆为正气。有失中正，正气就变成了邪气。

立身，以什么而立？立本，本立而道生，本就是规则。中正就是太极拳的规则，有了规则，身心也自然中正平和。

（二）

下面说上下相随。

王宗岳《打手歌》中句首便说：

“挪捋按挤须认真，上下相随人难进”。

在练习传统太极拳过程中的上肢与下肢，尤其是相互对称的关节要相互感通，相互配合，互相呼应，身躯各部位也都要同时与之相随，使手、眼、身、法、步都合在一起，注意力和劲道都全神贯注。这样周身一体，形成一个“无使有缺陷处，无使有高低处，无使有断续处”的太极球体，击之不破，撞之不散。

上下相随的另一个关键是“外三合”，即肩与胯合，肘与膝合，手与足合。合就是相通的意思。

在传统太极拳里面不只是说肩部垂直向下与胯相合，还有前肩与前胯，后肩与后胯，左肩与右胯，右肩与左胯都是一样的中间、前后、左右相合。肘与膝，手与足也像肩与胯是一样的合。周身的相合之意就像一张无形的网，将各肢节关联起来，形成各种身形上的合劲，所以太极拳有“一身备五弓”之说。总之，传统太极拳周身一体，一动无有不动，一合无有不合。

传统太极拳的中正，与上下相随也有很大的关系。太极拳论中说“上欲动下领之，下欲动上随之”。在左右移动重心的过程中，是胯推着肩，膝推着肘，足推着手进行的上下相随。如果外三合不能配合到位，下盘移动了，身躯没有感应，身躯就会产生身形歪斜。如果身躯要有动作变化，下盘没有呼应给出劲道，那将只是身躯的局部运动，这样的牵扯之力是无本之木，无源无根。

上下相随的轴心是腰胯，腰胯的放松才能产生上下之分。如果腰胯僵硬，身躯和下肢合为一体，即是拳论所说“一阴九阳根头棍”的肢体状态。

腰胯的放松，心气的下沉，才能让脚与地面产生力与反作用力。同时，体内之气也能分别清浊，浊气下降，清气上扬。

上下相随的重点是在下肢，下肢在运动的过程中，穿行于下肢腠理之间的经络得到了更多的锻炼，如脾、肾、肝、胃、膀胱、胆等脏腑经络在下肢的锻炼中也得到了气血的刺激。腿部筋骨健壮，重心更稳，走路更加轻灵，腿部越稳健，上半身就越轻松。

（三）

再说虚实。

传统太极拳以“分虚实为第一要义”“开合虚实即为拳经”。

阴阳的普遍性和相对性可表现于阴阳的无限可分性，虚实对待也是太极拳阴阳并济的体现。实中有虚即虚中有实。阳者实之，阴者虚之 。拳论又云“练拳不谙虚实理，枉费功夫终无成。”

什么是传统太极拳的虚实呢？

杨式太极拳宗师杨澄甫在《太极拳练习谈》中说：“体重移于左者，则左实，而右脚谓之虚；移于右者，则右实，而左脚谓之虚。所谓虚者，非空，其势仍未断，而留有伸缩变化之余意存焉。所谓实者，确实而已，非用劲过分，用力过猛之谓。故腿曲至垂直为准，逾此谓之过劲，身躯前扑，即失中正姿势。”

“拳者，权也”，权衡其虚实也。阳为实，阴为虚；刚为实，柔为虚；打为实，化为虚。虚，没有绝对的虚，虚中有实；实，也不是绝对的实，实中含虚。虚实互衡才是虚实运动，虚与实并不只是对身体重心而言。

传统太极拳的虚和实一体。比如右弓步，右腿为实，只是说身体的重心是由右腿承载。左腿为虚，左腿虽然为虚，不承载身体重量，但一样有侧向支撑之力，只是相对右腿柔一些，便于身法的转换。

传统太极拳的虚实不仅仅是两腿、两手或胸腹之间的虚实，而是周身的虚实、处处的虚实。虚实之间是相互平衡的，拳论说：“立如秤准”。左腿为实，右腿就为虚；左手为虚，右手就为实，上下左右平衡。正如太极内含阴阳一样，虚实也是一体的。不能只有实，也不能只有虚。

身体上下的虚实。以腰部为界，腰部以上为一体含中盘、上盘，腰部以下为一组称下盘，要以外三合为虚实之间的配合。胸腰之间的虚实，以胸膈膜为界。这两者的要求上虚下实。上虚下实就是要心气下沉，重心下移。因为后天的笨力拙劲，大部分人的心气都在胸部，造成横气填胸，上实下虚，身体摇摇晃晃，下肢难以平衡。心气下沉后会让人的重心移到下肢，甚至是脚，这样我们就会像不倒翁一样，始终能保持平衡而不易摔跤。

相对而言，脏腑要比下肢重要。失去下肢，人体还能存活，如果脏腑出现问题感受到伤害，哪怕失去一个脏或腑，人都将不能存活。人在年老时，气血自然衰减，因脏腑的重要性，气血自然被调动以脏腑为主使用，保本舍末，四肢的气血就少一些，老年人下肢运动较少，又缺乏气血濡养筋骨，所以腿部的神经系统和运动系统功能就衰减，老人跌跤就成为了老年常见病，也是造成老年人死亡的主要病症之一。

通过下肢的日常状态表现，可以初步判断一个人的生理年龄状态。

《灵枢·天年》说："人生十岁，五脏始定，血气已通，其气在下，故好走；二十岁，血气始盛肌肉方长，故好趋；三十岁，五脏大定，肌肉坚固，血脉盛满，故好步；四十岁，五脏六腑十二经脉，皆大盛以平定，腠理始疏，荣货颓落，发颇斑白，平盛不摇，故好坐；五十岁，肝气始衰，肝叶始薄，胆汁始减，目始不明；六十岁，心气始衰，若忧悲，血气懈惰，故好卧。"

好走是蹦跳，孩童精气充盈旺盛，成天蹦蹦跳跳也不累。好趋是快步走，青年时期，筋骨最健壮时期，精气也十分充盈，血气方刚，自然能快步行走。三十岁，就开始慢慢走。四十岁的人不知养生的话，精气开始衰减，下肢力量渐弱，开始喜欢坐。到了六十，精气筋骨俱衰，喜欢躺卧。

太极拳，阴阳之道，平衡之术也。这种上下左右的虚实互衡，周身一统，连通一气，气血在上下左右间穿行交换，疏通周身之关节。以传统太极拳的这种练习方法，不仅仅是运行人体经络从身躯中间走向手或脚，或是从手和脚走向身躯，更是在手与脚之间的经络通路形成，比原有的人体经络走得更远，链接得更有效，将十二经络的源头都贯通在一起了。

内家拳讲究上虚下实，着重于下盘的练习。太极拳界董英杰前辈在《太极虚实之解释》中说："如欲上右脚，则用意将身躯重心微移至左腿立实，右腿重力既移去后变为虚，即能轻便活动，提起迈步"；"若左足想上步，右足尖向外转移，将身体重心移至右腿，此时始分虚实，右腿立实，左足轻便。

就是在虚实之间转换的时候，人体的气血得到了充分的导引。

例如在左右移动重心时，如重心在右腿，为了保证右腿筋骨有支撑力。身体内的气血就被集中调动到右腿，以持续供应右腿支撑身体所需的能量。右腿就为实，左腿为虚，当我们把身体的重心移动到左腿时，这个时候身体内的气血又被调配到左腿，来为左腿提供支持身体重量的能量。

体内的气血在虚实的转换间被上下、左右来回调动，虚虚实实，实实虚虚，忽上忽下，忽左忽右，升降出入。气在升降出入的过程中，氧气与血液有效交换，保持新鲜活力，为身体所需动能提供能量。在反复升降出入的过程中气也得到了锻炼，更强壮更充实。

五、腰脊带头、内外相合的节节贯串运动与健康

（一）

王宗岳《十三势论》说“主宰在腰”，《十三势歌》说“刻刻留意在腰间”。腰对于练习传统太极拳来说，在身体的部位上，应该是重中之重。

腰是筋骨相合产生劲道运发的枢纽，丹田也在腰部，丹田的旋转带动腰身螺旋缠绕，从胸腹或脊背继而传送给肩、肘、手。太极拳拳论的身法中腰部是最灵活多变的。

腰是传统太极拳身法上下的分界线，可以左右活动。脊是太极拳身法左右的分界线，可以左右上下活动。

拳谚说：“腰如车轴气如轮”。车轴不能紧，一紧，运动起来就不灵活，腰不能紧，腰一旦紧，内气就会被束缚，不够灵活，身形僵硬。腰部要松，内气才能出入通畅。身体各部位运行的气可上下相通，贯注丹田，遍布周身。气随意动，处处张开，久而久之，内气自然充盈，松腰即是养气。

松腰先要松胯。胯为腰根，松胯后腰才能松。胯松、腰松内气才能贯通，前后左右上下才一气相连。

练习传统太极拳要十分注重松腰技巧，松腰才能体会太极之妙。

腰部随着丹田的旋转运动也有三种运动方式，一是左右转动；二是前后折叠；三是左右侧身。拳法套路中应用最多的是左右的旋转和前后的折叠。左右侧身如斜行和护心拳。

《素问·脉要精微论》中说：“腰者肾之府，转摇不能，肾将惫矣。”人体的两肾在后腰，命门的两旁。在腰的三种运动方式中，都对两肾有很好的按摩、蠕动、挤压刺激。

在中医藏象学说里面，肾藏精，主水，纳气。先天之气藏于肾脏，肾脏主生殖，为人体生命的本源之处。

肾藏精，可分为先天之精，和后天之精。先天之精是构成人体和维持人体四肢百骸生长发育、脏腑的功能活动以及生殖能力。后天之精即是从人摄取五谷后在体内由脾胃运化而成的精微物质，血、津液和由精化的气，都属于后天之精。后天之精主要是维持人体正常的生命活动，促进机体生长发育。

肾精是人体胚胎生长发育的原始物质，促进人体生殖功能的成熟，繁衍后代的能力。肾精不足，人体的生长发育就会迟缓、未老先衰、健忘。

一般人都认为，呼吸是肺部的事。按照中医学理论，呼气是由肺部在负责，“肾纳气”，而吸气则是由肾脏负责的。所以中医师会问呼吸方面不适的患者，到底是呼感觉有问题，还是吸感觉有问题，以此进一步判断，是肺脏或肾脏出现病症。《难经·四难》说：“呼出心与肺，吸入肾与肝。”中医后来就有“肺为气之主，而肾则为气之根”一说。如果肾气衰弱，吸入肺部的清气不能下纳于肾脏，吸入肺脏肺泡里的气体不能很好地与血液进行深度交换，呼吸浅表，气短喘气，这就是中医上“肾不纳气”的症状。

肾主水，是指肾脏对于脏腑之间的水液的代谢和水液代谢中的尿液生成与排泄。日常最常见的就是心肾不交症。心阳下降，肾阴不足难以上润心火，阴阳水火不能既济，就会导致昼夜不寐、健忘、腰膝酸软、梦遗、咽干口燥，下肢冰凉等症状。

肾主骨，肾足骨坚，骨壮髓满。人健忘也是肾虚的一种表现，髓满则耳聪目明，思维敏捷。

肾脏还是参与人体免疫力的一个重要器官。

腰为肾之府，肾封藏着先天真元之气。肾之精气充盈，其内涵的能量温煦并推动着五脏六腑的生长发育，新陈代谢。

脊柱是人身体直立的支柱。

胎儿在子宫里面第3周到第4周的时候，胎儿的脊柱就开始发育，一般在胎儿5~6个月的时候脊柱基本成型。婴儿出生时脊柱无弯曲，仅呈现轻微后凸。3个月左右抬头动作的发育出现颈椎前凸出，6个月后能坐，出现胸椎后凸，1岁左右开始行走，出现腰椎向前凸出。这样的脊柱自然弯曲，到6~7时岁才为被韧带发育所固定。

人体的脊柱由26块脊椎骨合成，即24块椎骨（颈椎7块、胸椎12块、腰椎5块）、骶骨1块、尾骨1块。骶骨由5块组成，尾骨由4块组成，正常的脊柱也可以说是由33块组成。脊椎之间的连结和支持除了椎间盘外，周围的韧带、肌肉、髋部、胸腹部的肌肉也发挥重要作用。主要的韧带有前纵韧带、后纵韧带、黄韧带、脊间韧带及脊上韧带。

人体在直立时，脊柱上端承托头颅，胸部与肋骨结成胸廓。上肢借助肱骨、锁骨和胸骨以及肌肉与脊柱相连，下肢借骨盆与脊柱相连。

脊柱除支持身体直立和保护脏腑的功能外，有灵活的运动功能。人体的26块脊椎骨，周围有韧带相连系，能维持一定的稳定，彼此之间又有椎骨间关节相连，也有相当程度的活动。每个椎骨之间的活动范围虽然很少，但如全部一起活动，活动的范围和整体的幅度就增加很多。脊柱周围的肌肉可以发动和承受作用于躯干的外力作用。直接作用于腰背部脊柱的肌肉有背肌、腰肌。背肌分浅层和深层：浅层包括背阔肌、下后锯肌肉，深层包括骶棘肌、横突棘肌、横突间肌、棘突间肌；腰肌包括腰方肌和腰大肌。间接作用于腰脊部脊柱的肌肉有腰前外侧壁肌、臀大肌、臀中肌、臀小肌、股二头肌、半腱肌及半膜肌等。这些肌群以腰椎为轴心，前后、左右相互平衡与协调。

脊柱及其筋骨组合的运动方式包括屈伸、侧屈、旋转等。脊柱各段的运动度不同，这与椎间盘的厚度、椎间关节的方向等制约因素有关。骶部完全不动，胸部运动很少，颈部和腰部则比较灵活。人在立正姿势时，通过身体所引的垂直重力线经过颈椎体的后方，在第 7 颈椎和第 1 胸椎处通过椎体，经胸椎之前下降，再于胸腰结合部越过椎体，经腰椎后方并穿过第 4 腰椎至骶骨岬再经骶骨前方、骶髂关节而传至下肢。

由于腰椎处于脊柱的最低位，负荷相当大，又是活动段与固定段的交界处，因而损伤机会多，成为腰背痛最常发生的部位。脊柱的负荷有静态和动态两种。静态是指站立、坐位或卧位时脊柱所承受的负荷及内在平衡，动态则指身体在活动状态下所施于脊柱的力。这些负荷需要相应的关节、韧带和肌肉来维持。

腰身和四肢的各种活动，均要通过脊柱进行调节，保持身体平衡。脊柱有四个生理弯曲，这些弯曲使脊柱如同一个弹簧，能增加对外部力量给予缓冲震荡的能力。还可以加强身体姿势的稳定性。椎间盘还可吸收震荡，在剧烈运动或跳跃时，可防止颅骨、大脑受到冲击受伤。脊柱与肋、胸骨和髋骨分别组成胸廓和骨盆，对保护胸腔和盆腔脏器起到重要作用。脊柱的前面是由椎体堆积而成，其前与胸腹内脏邻近，在保护脏器的同时又保护五脏六腑的神经、血管。

胎儿在第 5、6 周时，除了肾和心脏开始发育外，就是脊髓、脊柱的发育，由此可见脊柱在人体从胚胎开始起生长发育过程中的重要性。脊柱椎体管的骨髓联通着脊神经，脊神经共有 31 对。包括 8 对颈神经，12 对胸神经，5 对腰神经，5 对荐神经和 1 对尾神经。31 对脊神经根从脊髓中分支出来，并且穿过椎骨之间的浅沟，向外延伸到周围的器官与组织。

在中医学的辨证论治体系“切”中还会常用的方法之一“脊柱全息理论”，即触摸人体脊柱各椎体，查看该椎体处及其附近是否有酸麻胀痛感，以此来判断该椎体与之对应的身体某一器官是否有病变。

生物全息理论是当代才开始成立体系建设的一门医学门类。生物全息理论就是基于以小窥大的中医整体观，来说明生物体每一相对独立的部分，为整体比例缩小这一全息现象。1973 年由山东大学生物学家张颖清教授发明的生物全息诊疗法，是当代兴起的生物学新技术。

脊椎内的神经系统能够控制和调节人体的所有器官和组织。脊椎及椎间盘之间的异常会引起对人体神经系统的刺激，并进一步影响相对应部位器官的功能，而且由这些部位器官的功能障碍可能产生各种症状。

中医学的经络理论中，脊柱正后方就是人体阳脉之海——督脉的循行所在，在督脉外 1.5 寸和 3 寸是足太阳膀胱经循行的路径。足太阳膀胱经是人体最长的一条经络，它从脚到腿的后面，沿着小腿、大腿后部的中心线向上行走，到尾闾后又分为两条，沿着脊柱中心线 1.5 寸和 3 寸继续往上走到头，越过头部再到眼睛内侧。

而行走在脊柱两侧的这一段是人体最重要的穴位，这一段里面包含了人体各脏腑器官的腧穴，也是各脏腑在脊柱的各自生理状态反应点。腧穴具有双向调节作用，当我们身体机能出现非正常状况时，刺激腧穴可以变现出两种相反的治疗作用，使失衡的状态趋于正常。就是说刺激该穴位，当身体虚需要补益时可以补益，如果有实证需要泻时也可以泻。

现将人体脊柱中各个椎体所对应人体的部位以及该椎体出现异常时，对身体所产生的疾病反应一一列出。

第一颈椎（C1）。对应身体部位：头部，脑垂体，头皮，脸部骨骼，大脑，内耳及中耳，交感神经系统。可能产生的症状：头痛，神经质，失眠，头部发冷，高血压，偏头痛，神经崩溃，健忘，慢性疲劳症，眩晕，眼花，面瘫，低热。

第二颈椎（C2）。对应身体部位：双耳，视神经，听觉神经，额窦，乳突，舌，前额。可能产生症状：额窦炎，过敏，耳鸣，耳周边疼痛，眩晕，视力下降，斜视，耳聋，偏头痛，胸闷，心动过速，排尿异常，高血压，失眠，面瘫。

第三颈椎（C3）。对应身体部位：脸颊，外耳，面部骨骼，牙，三叉神经。可能产生的症状：三叉神经痛，神经炎，痤疮，粉刺，湿疹，咽喉部异常感，胸闷，劲痛，牙痛，甲亢，低热。

第四颈椎（C4）。对应身体部位：鼻，唇，嘴，耳，咽。可能产生的症状：花粉热，流鼻涕，失聪，扁桃体肿大，咽喉异物感，胸闷，肩痛，牙痛，打呃，三叉神经痛，甲亢，耳聋。

第五颈椎（C5）。对应身体部位：声带，腺体，咽。可能产生的症状：咽喉炎，声音嘶哑，咽喉疼痛或炎症样感觉，眩晕，实力下降，心动过速或过缓，上臂痛或下肢瘫软，过敏性鼻炎，神经衰弱。

第六颈椎（C6）。对应身体部位：颈部肌肉，肩，扁桃腺。可能产生症状：斜劲，上肢疼痛，扁桃腺炎，慢性咳嗽，假膜性喉炎，低血压，心律失常，上肢外侧麻痛。

第七颈椎（C7）。对应身体部位：甲状腺，肩关节，肘关节。可能产生症状：滑膜炎，畏寒，甲状腺疾病，低血压，心律失常，上肢后侧，尺侧麻痛。

第七颈椎下为督脉（以下省略督脉）大椎穴，大椎穴为六阳所汇。大椎穴清热解表，主治：热病、项强、寒热、疟疾、呕吐、心烦、自汗盗汗等病症。

第一胸椎（T1）。对应身体部位：前臂，包括手、腕及手指，食管，气管。可能产生症状：哮喘、咳嗽，呼吸困难，呼吸急促，手及前臂疼痛上臂后侧痛，肩胛部痛，左上胸痛，心慌，心悸。

第一胸椎下为陶道穴，陶道穴清热解表、安神，主治：热病、疟疾、头重、脊强、恍惚不乐等病症。

第一胸椎旁开 1.5 寸为足太阳膀胱经大杼穴（以下省略足太阳膀胱经），经络八会中“骨会大杼”，该穴位清热解表、宣肺止咳。

第二胸椎（T2）。对应身体部位：心，包括瓣膜及心包，冠状动脉。可能产生症状：心脏和胸部疾病，上臂后侧痛，气喘，咳嗽，左上胸痛，心慌，心悸。

第三胸椎（T3）。对应身体部位：肺，支气管，胸膜，胸廓，乳房。可能产生症状：支气管炎，胸膜炎，肺炎，鼻塞，流感，上臂后侧痛，肩胛部痛，心慌，心悸，胸闷，胸痛。

第三胸椎下位身柱穴，身柱穴清热解毒、宣肺止咳、宁神镇痉，治虚损五劳七伤等病证，另外多按摩身柱穴可促进提升小儿免疫力和身高发育。

身柱穴旁开 1.5 寸为肺腧穴，主要辨证和治疗肺部及呼吸系统疾病。该穴解表宣肺、肃降肺气、止咳平喘。

第四胸椎（T4）。对应身体部位：胆囊、胆总管。可能产生症状：胆囊疾病，黄疸，胆结石，胸壁痛，气喘，打呃，乳房痛。

第四胸椎旁开 1.5 寸为膀胱经厥阴腧穴，厥阴腧穴对应的是心包，该穴宁心安神、宽胸理气。

第五胸椎（T5）。对应身体部位：肝，腹腔神经丛，总循环系统。可能产生症状：肝疾病，发热，血压异常，循环衰竭，关节炎，胸壁痛，打呃，乳房痛。

第五胸椎下位神道穴，神道穴宁心安神、清热平喘，主治身热头痛、健忘、气喘、惊悸、背冷痛等病症。

神道穴旁开 1.5 寸为心俞穴，心俞穴跟厥阴腧穴功能相似。

第六胸椎（T6）。对应身体部位：胃。可能产生症状：胃部疾病，消化不良，肝区痛，胆石症。

第六胸椎下为灵台穴，灵台穴清热解毒、止咳定喘，主治咳嗽、气喘、脊痛项强、疔疮等病证。

灵台穴旁开 1.5 寸为督腧穴，该穴为督脉的气输注之处，宽胸理气，消胀止痛。

第七胸椎（T7）。对应身体部位：胰腺、十二指肠。可能产生症状：溃疡，胃炎，胃脘痛，肝区痛，肋间痛，胆囊炎，胆石症。

第七胸椎下为至阳穴，至阳穴利胆退黄、宽胸利嗝，主治黄疸、呕吐、恶逆、四肢重痛、胸肋支满、吞酸等病症。

至阳穴旁开 1.5 寸为膈俞穴，经络八会中“血会膈俞”，膈俞穴与横膈肌相对应，该穴宽胸降逆，和血止血。

第八胸椎（T8）。对应身体部位：脾。可能产生症状：抵抗力下降，胃脘痛，肝区痛，肋间痛，胆囊炎，胆石症。

第九胸椎（T9）。对应身体部位：肾上腺可能产生症状：过敏，麻疹，胃脘痛，肝区痛，上腹胀痛，子宫颈炎，糖尿病。

第九胸椎下为筋缩穴，筋缩穴平肝熄风，宁神止痉，主治癫狂、心痛等病症。

筋缩穴旁开 1.5 寸为肝俞穴，内应人体肝脏，疏肝利胆，安神明目。

第十胸椎（T10）。对应身体部位：肾。可能产生症状：肾脏疾病，动脉硬化，慢性疲劳症，肾炎，腹胀肝区痛，卵巢炎，糖尿病，睾丸炎，子宫颈炎。

第十胸椎下为中枢穴，中枢穴是身体后背的正中线，中枢穴健脾利湿、清热止痛，主治腹满、不思食饮、发热、背痛等病症。

中枢穴旁开 1.5 寸为胆俞穴，内应人体胆腑，该穴清热祛湿、利胆止痛。

第十一胸椎（T11）。对应身体部位：肾，输尿管。可能产生症状：皮肤粉刺，丘症样改变，湿疹，疖子，胃脘痛，肝区痛，胰腺炎，糖尿病，腺区痛，排尿异常，尿路结石。

第十一胸椎下为脊中穴，是脊柱的中心点，该穴健脾利湿、宁神止痉，主治腹满、痔疾、便血、泄泻、小儿脱肛、黄疸等病症。

脊中穴旁开 1.5 寸为脾俞穴，内应人体脾脏，该穴健脾利湿、和胃益气。

第十二胸椎（T12）。对应身体部位：小肠，淋巴循环系统。可能产生症状：风湿病，腹胀痛，不育症，胃脘痛，肝区痛，胰腺炎，糖尿病，腺区痛，排尿异常，尿路结石，肾炎，肾结石，腹泻。

第十二胸椎旁开 1.5 寸为足太阳膀胱经胃俞穴，内应人体胃腑，该穴健脾和胃、理中降逆。

第一腰椎（L1）。对应身体部位：大肠、腹股沟环。可能产生症状：便秘，结肠炎，痢疾，腹泻，肛裂，疝气，胃脘痛，肝区痛，胰腺炎，糖尿病，肾区痛，排尿异常，尿路结石，大腿前侧痛。

第一腰椎下为悬枢穴，该穴温阳健脾通调肠气，主治腹中积水、水谷不化、泄泻、痢疾等病症。

悬枢穴旁开 1.5 寸为三焦腧穴，内应人体三焦腑，该穴调理三焦，健脾利水。

第二腰椎（L2）。对应身体部位：阑尾，腹，大腿。可能产生症状：神经，呼吸困难，静脉曲张，胃脘痛，肝区痛，胰腺炎，糖尿病，肾区痛，排尿异常，尿路结石，腹胀，便秘，下肢前侧麻痛。

第二腰椎下为命门穴，是人体的养生、治病大穴。该穴温阳益肾、舒筋活络、镇静止痉，主治头痛、身热、耳鸣、癫痫、角弓反张、冷痹、遗精、腰腹痛、尿频等病症。

命门穴旁开 1.5 寸为肾腧穴，内应人体肾脏，该穴益肾助阳、纳气利水。

第三腰椎（L3）。对应身体部位：性器官，子宫，膀胱，膝。可能产生症状：排尿困难，痛经，月经紊乱，流产，尿床，性功能障碍，生活习惯改变，膝关节痛，两侧腰痛，腹痛。

第三腰椎旁开 1.5 寸为足太阳膀胱经气海腧穴，与腹前气海穴相对，是人身元气输注之处。该穴补益肾气、调经止痛。

第四腰椎（L4）。对应身体部位：前列腺，下背部肌肉，坐骨神经。可能产生症状：坐骨神经痛，腰痛，尿频尿急，排尿困难，尿痛，背痛，腹痛，大腿外侧麻痛。

第四腰椎下为腰阳关穴，腰阳关穴散寒除湿、舒筋活络，主治腰骶痛、下肢痿痹、筋挛等病症。

腰阳关穴旁开 1.5 寸为大肠俞穴，内应大肠，该穴通降肠腑、理气止痛。

第五腰椎（L5）。对应身体部位：小腿，踝、足。可能产生症状：下肢血液循环降低，踝部肿胀，脚裸无力或疼痛，足冷，大腿无力，腿抽筋，下肢后侧麻痛，下腹痛，遗精，月经不调，性功能障碍。

第五腰椎旁开 1.5 寸为足太阳膀胱经关元腧穴，对应人体任脉的关元穴，该穴培补元气、通调二便。

骶椎。对应身体部位：股骨，臀部。可能产生症状：骶骨关节痛，脊椎侧弯。

尾椎。对应身体部位：直肠，肛门。可能产生症状：痔疮，瘙痒症，坐下时脊椎疼痛，排尿困难，子宫颈炎，前列腺炎，性功能障碍。

尾骶椎还对应了人体的小肠和膀胱腑。

一天之中申时（15：00—17：00）膀胱经当令，此时膀胱经气血最盛。膀胱经就是人体后背正中心的一条重要经络，通过行拳过程中对脊柱的前后左右上下进行运动，更好的导引膀胱经内气血的运行。

陈鑫先生在《陈氏太极图说》里面除了对人体十二正经标注画图并配以穴位歌诀外，还对任督二脉也进行了详细的介绍。督脉在人体脊柱的后面，后背为阳，督脉为人体阳脉之海。任脉在脊柱的前面，但其反应点在胸腹部，胸腹为阴，任脉为人体阴脉之海。

任脉在脊柱的前面，反应点是在胸前和腹前。任督二脉是在脊柱的前后方循行运营气血，加上背部两侧的脏腑腧穴，所以脊柱在无论是在中医、西医等医学领域都占据着无比重要的地位。

在太极拳术导引里面，人体的气从丹田穿命门上脊背越头颅下至口部，唇齿相合，舌顶上腭，舌头搭桥接任脉，下廉泉走胸中线过神阙至关元，最后流入丹田，如此循环一圈，周而复始，无始无终，谓之小周天，亦谓之息。

李时珍著《奇经八脉考》说：

“医书谓之任、督二脉，此元气之所由生，真息之所由起。修丹之士，不明此窍，则真息不生，神化无基也。”俞琰注《参同契》云：“人身血气，往来循环，昼夜不停，医书有任、督二脉，人能通此二脉，则百脉皆通。黄庭经言：皆在心内运天经，昼夜存之自长生。天经乃吾身之黄道，呼吸往来于此也。鹿运尾闾，能通督脉；龟纳鼻息，能通任脉，故二物皆长寿。”

气血在任督二脉的路径上循环穿流，使任督二脉所行路径通畅，同时又刺激任督二脉上的各穴位，滋养各穴位，达到保健健康的作用。内气充盈时，周身自然舒张，串联各脊椎的韧带连接也自然张开，有效减少各椎间盘的劳损，也利于气血进入各椎体之间，濡养筋骨和骨髓。

传统太极拳是以脊柱行拳，虚领顶劲，气沉丹田，上下对拔，骨升肉降，以身领手。这种对拔拉长让脊柱的生理弯曲变成直线，而这种垂直叠加的方式，是最省力的方式。既缓解了韧带的受力疲劳，得到休息调整，同时又锻炼了脊柱周围韧带的柔韧性、均衡性和协调性。

腰身的旋转实则为脊柱的旋转，整条脊柱左右旋转，上下折叠，两臂如搭挂在脊柱上一样，既不僵硬，而又灵活多变，两臂运动如风摆杨柳一般。

由此可见，脊柱的保健对我们日常生活的健康活动是多么的重要。

进入21世纪，人类社会生活发生了巨大的变化，科技和信息的发展普及改变了人们的工作、生活、学习与出行方式。尤其是当下网络社交、手机一族，低头坐位时间加长且锻炼机会减少以及社会压力增大、工作节奏加快都对脊柱的健康产生不良的影响。根据流行病学调查研究表明，脊柱方面的疾病是脊柱健康维护机制概述仅次于上呼吸道感染而居第二位的常见疾病。

（二）

内外相合是指内气与身体外形相合，也是指太极拳论中的“外三合，内三合”，是身心相合，也是阴阳相合。

陈长兴著《太极拳十大要论》中第六论《三合》中详细地阐述了外三合与内三合，亦为六合。

《庄子·齐物论》中说：

“六合之外，圣人存而不论；六合之内，圣人论而不议；春秋经世先王之志，圣人议而不辩。”

庄子的大概意思是：天地之外，圣人存而不论；天地以内的事情，圣人只论说而不议评。春秋史实是先王为政天下的记载，圣人只议论不争辩。

成玄英疏：“六合者，谓天地四方也。”东、西、南、北、上、下合而为之谓“六合”。

传统太极拳的内外三合是小三合，“天地人”三合是大三合。

心与意，气与力，筋与骨；肩与胯，肘与膝，手与足。内外相合才是周身一体。

以腰脊为中心，前、后、左、右、上、下相合，则合太极之理，周身浑然。陈鑫著《陈氏太极图说》中说：“浑身上下无处不是手，挨着何处何处击。”

内外相合，身心不二，阳明心学谓之“知行合一”，身心合一，身体的行动和内心的意念或意识相通。日常生活中一些心口不一的人，内心喜欢嘴上却说不喜欢，明明喜欢，嘴上却说不喜欢，是谓内外不合，心口不一，这种心口不一的矛盾心理活动在体内就会导致身体气机逆行，经脉紊乱，久而久之，则生疾患。身心一统，心气所指，行动必致，气血通达，意平神静。

只有相合，才能节节贯串。

要实现节节贯串，首先要知晓身体有哪些节？

陈长兴在其论著《太极拳十大要论》中说：

“夫气本诸身，而身节部甚繁，若逐节论之，则有远乎拳术之宗旨，惟分为三节而论，可谓得其截法：三节上、中、下，或根、中、梢也。以一身言之；头为上节，胸为中节，腿为下节。以头面言之，额为上节，鼻为中节，口为下节以中身言之，胸为上节，腹为中节，丹田为下节。以腿言之，膀为根节，膝为中节，足为梢节。以臂言之，膊为根节，肘为中节，手为梢节。以手言之，腕为根节，掌为中节，指为梢节。”

节节贯穿首先是为了让我们先明白传统太极拳对身体各肢节的本末了解。《大学》说：“物有本末，事有终始，知所先后，则近道矣。”不了解身体肢节的梢、中、根三节，将无法行拳走劲。根本不知道太极拳的劲力源头从哪里来，如何传导，最后发往哪里去。太极拳的力道不能是无本之木，漂浮之萍，一定要有根源，要有通路。

在传统太极拳拳论里面，身体的运动是由气催动的，丹田为总根，身体在由丹田向外一节一节的运行过程中，体内是气在一节一节地运行，意到哪里气就到哪里，气到力到。气为血之帅，气到哪里血就到哪里，血液的代谢也能更高效完成。

六、相连不断、滔滔不绝的一气呵成运动与健康

（一）

太极拳的拳法套路动作演示，从起势一开始，到结尾，一招接一招，一势连一势，气运来回，丹田往复，没有断续，没有停顿。套路动作首尾相连，一遍接着一遍练下去。

《太极图说》中说：“太极动而生阳，动极而静，静而生阴，静极复动，一动一静，互为其根。”阴阳二气的对立与统一互感互通，动静互为根源，相互推动，周而复始，迴流不息，此为太极玄妙之境。

传统太极拳法中人在运动时符合阴阳互根之道，调整身姿，筋骨相合产生劲道。而这种劲道要求内心的安宁，心气得以下沉，全身之力全部都下沉至脚底，对地面产生作用力，人体再借用此反作用力运行周身。人体的筋骨和气血

在动静互为其根的原则上持续练习，太极拳的劲道就越来越大。

“动极而静，静而生阴，静极复动，一动一静，互为其根。”阴阳在这种互为其根的运动形式中周而复始，没有源头，没有终点。传统太极拳也正是应用这样的理论得以创造，也具有这样的运动特点。动静开合，开合动静，相连不断、滔滔不绝。

相连不断不仅指身法的动作，更是指我们的意识。在练习传统太极拳的过程中，我们经常会听到师父或教练说动作“断劲了”，或“丢劲了”，两者意思差不多，就是身法不够连贯。

传统太极拳一个招势由若干个动作组合而成，老架一路里面最少动作的是“后招”。有的动作由十几个动作完成，还有同样动作进行重复的，如“倒卷肱”“云手”等。

在完成这些动作的过程中，从上一势的动作过渡到这个动作的定势，中间的动作必须是相连不断的，一个招势启动时气由丹田处发出，定势时气要回到丹田，意、气、形必须流行贯通。有的一势之中可能有换劲或转换虚实的动作，看上去似有停顿，但一定是形断，气不断；气断，意不断，这才是相连不断。

相连不断亦是指内气在体内的循环，特别是在小周天任督二脉之间的循环流转不息。流水不腐户枢不蠹，流经任督二脉之间的气血在不停地运行，也是在保持二脉中气血的新陈代谢，确保二脉中气血的优良品质，阳脉之海与阴脉之海总领全身气血，二脉确保有序循环与代谢，就能确保生命健康的品质。而在太极拳法中，还有内气在丹田与身肢百骸间的往复流转，雄浑的内气在丹田与人体经络间的流通，也正是在有效锻炼经络的通畅。

正是传统太极拳练习过程中意气形的贯穿不断，我们体内的气血也是在经络之间相连不断，周而复始。在周而复始的练习过程中不断地缩小运动误差聚集内气，内壮气血，不断地精炼气血，百炼成钢，气的能量才至大至刚。

（二）

滔滔不绝不仅是说传统太极拳的套路动作衔接连贯，不用停顿，还要求体内气血充盈，元精十足，丹田的内气鼓荡就像地底下的涌泉一样，潺潺而流，源源不断。而内气鼓荡的滔滔不绝是在人体气血充盈，元精十足的情况下才可能出现的状态。一个人身体柔弱，或手无缚鸡之力，没有充盈的气血、十足的元精，丹田内则不可能产生滔滔不绝的内气鼓荡，也不可能有能量支持身体一遍遍的运动。

通过传统太极拳术的逐步练习可以使我们的人体强壮，气血充盈，元精十足，而内气和元精反过来又会将传统太极拳术的内气鼓荡提升到更高的层次。二者相辅相成。

一气呵成不单是指一个动作，或一整套动作的连贯性完成，更是指我们在太极拳的整个学习过程中，要持之以恒，不能半途而废。

而这样一套完整的动作练习，让我们的身体或前、或后、或左、或右、或上、或下、或左右螺旋缠绕、或上下折叠、或大圈、或小圈进行全方位的锻炼，让身体中每一条经络，每一处的筋骨和肌肉都得到放松的锻炼。万变不离其宗，万法归一，都是通过对意气形的练习，来修养我们的精气神，愉悦身心。

太极拳行云流水，一动全动，节节贯穿，动作衔接无缺。一整套练习下来，连绵不绝，上下相随，前后相通，左右相应，像一个阴阳平衡的太极球仿照地球的运动一样，在自转的同时公转，永不停息。

这里可以再给传统太极拳下一个定义，那就是阴阳互生产生刚柔并济的螺旋圆融运动。这个运动一旦开始，就没有结束。自太极拳诞生起，已经流传近400年，并且还仍将继续下去。而修炼传统太极拳没有止境才是我们的追求。

七、刚柔并济运动与健康

（一）

传统太极拳在练习的运行中始终要求松沉，以气运身，表面给人的感觉软绵无力，这是传统太极拳最具代表性的特点之一。相对少林拳等外家拳来看，太极拳作为中国武术的一种，似是缺乏阳刚猛烈的武者之气。我们平时见到最多的传统太极拳表演都以陈氏老架一路为主，偶尔有些创编表演套路里面加入了一些老架二路里面的几个发力动作来缓解老架一路的柔性。在练习时传统太极拳是看似很柔，实则刚柔并济，发力的时候既快又刚。

刚柔也是传统太极拳论阴阳哲学思想的下位概念之一。

《周易·系辞·上》中说：“方以类聚，物以群分，吉凶生矣。在天成象，在地成形，变化见矣。是故刚柔相摩，八卦相荡。鼓之以雷霆，润之以风雨；日月运行，一寒一暑。”

意思是说：天下的各类意识观念根据类别而聚合，世间的万物根据这些类别就被分为不同的群体，吉祥与凶险也就在对立矛盾中产生了。悬挂在天上的日月星辰是他们的表象，在地上的山传草木呈现出它们的形态，世间万事万物的变化规律就体现出来了。因此阳刚和阴柔相互摩擦交感形成了八卦，八卦相互推移变动形成了六十四卦。这些卦象像雷霆的鼓动一样，又像风雨的滋润一样；日月往来运行，寒冷和暑热的季节变化交替。刚柔是古代的思想家在阴阳思想指导下，把地的物质分为刚柔两类。

传统太极拳阴阳思想的下分概念也有刚柔之别，如筋为柔，骨为刚；气为柔，血为刚。

《周易·系辞·下》中说："八卦成列，象在其中矣；因而重之，爻在其中矣；刚柔相推，变在其中焉；刚柔者，立本者也；变通者，趣时者也。《易》之为书也不可远，为道也屡迁，变动不居，周流六虚，上下无常，刚柔相易，不可为典要，唯变所适。"

意思是说：八卦画成排列好后，宇宙万象也就包含在其中了；又将八卦重叠成六十四卦，三百八十四爻的微妙奥秘也就包含在其中了；阳刚阴柔两爻相互推变，变化之道也就包含在其中了；阳刚阴柔是确立卦体的根本；变化会通，是在寻找合适的时机。

《周易》所体现的是要把握变化之道。事物常变动而不固定，这些变化通常流走在六爻之间，或上或下没有常规，阳刚阴柔相互变化。不能拘泥于固定的纲要，只有随时适应不同的变化，才能到达想要的方向或目标。

刚柔几乎成为人们认知传统太极拳的基本常识判断，也是传统太极拳的变化之道，或刚或柔，可柔可刚，刚来柔化，柔来刚挡。

传统太极拳发劲有如"如棉裹铁"，看似软绵无力，但是打在人身上却像金钢铁骨的冲击一般，痛不堪言。

传统太极拳外柔内刚，身法中实为刚，虚为柔；动为刚，静为柔；发为刚，收为柔；打为刚，化为柔；呼为刚，吸为柔；屈伸往来，刚柔相济而变化，方为太极拳。

陈长兴在《太极拳十大要论》中说："用刚不可无柔，无柔则环绕不速。用柔不可无刚，无刚则逼摧不捷。"

在传统太极拳的整个练习过程中，初期是化刚为柔，身体上的一些僵力笨劲就是刚，硬坨坨的肌肉就是刚。通过传统太极拳"不用力"的练习方法把人身体以前通过劳动或肌肉锻炼的僵力和笨力去掉，把以前身体上的一些劳损僵硬的肌肉化开，特别突出的地方就是两臂和腰背，练到在外形上能把身体节节贯穿起来，以气运身，以筋骨相合为主导而不是以肌肉为主导。

僵力笨劲去掉后，下一步就是百柔成刚，千万次的柔化练习，将筋骨全面重新的打造，骨密度和筋经韧带、骨连接，通过练习发生质的变化，其组织结构异于常人。经过长时间的传统太极拳练习之后，最明显就是膝盖四周的韧带、骨连接比一般人更宽、更厚、更紧致。如果下蹲用起力时，摸着膝盖骨与胫骨之间的骨连接就好像如骨头一般坚硬。

而更为重要的是内气的锻炼。在身体僵硬的时期，内气之间若有若无，若聚若散，柔弱无力。在经历千万次的练习后，内气自然充盈聚合，至大至刚，鼓荡自如。以气催形，以柔克刚，刚猛迅捷，虎虎生风。陈氏太极拳老架二路的整体动作是以偏刚风格为主，也称炮捶。

一刚一柔，一张一弛，一来一往，随着意识的来回支配身体动作，身体的肢体动作也随着神经系统一收一发，一运一息，时而亢奋，时而淡定，避免人体长时间处在亢奋状态下产生疲劳感。

老子在《道德经》第十章中说“专气致柔，能如婴儿乎？后面篇章又说道“以天下之至柔，驰骋天下之至坚。”老子为道家思想鼻祖，其尚柔。在老子眼中，婴儿被称为纯阳之体，身体是最柔软的，内气确是最刚强的。而天地间的柔弱能胜天地间的刚强，传统太极拳乃是“以柔克刚”之术。

老子在《道德经》第七十六章中说：

“人之生也柔弱，其死也坚强。草木之生也柔脆，其死也枯槁。故坚强者死之徒，柔弱者生之徒。是以兵强则灭，木强则折。强大处下，柔弱处上。”

老子认为柔软的才是具有生命活力的，坚硬是死者的表现。中医在切诊的时候，总是会非常留意人体经络中或腠理中比较僵硬的地方。

传统太极拳吸收了道家思想后，也自然关注到柔这一特点，陈王廷在创拳的时候反复揣摩推敲，发现“柔”在武术运动中独特魅力的生命力。“以柔克刚”，即是避实击虚，引进落空，在旋转运动中用很小的劲就能破刚猛之力，既保护了自身，也没有过度消耗自身，自身的精气得到有效保存。

在柔的时候，以一种虚空的状态迎接对方之力，让对方没有着力点，以使胶着点柔性变化，改变对方力的方向。化掉对方来力的时候，就可以调集身体的气血到某一条线，瞬间集齐体内大部分的气血充实筋骨来发力攻击对方。

而在练习套路的时候一阴一阳，一刚一柔，内气就在筋骨、腠理间穿梭运行，气血的速度、力量就在招势、攻守的刚柔之间得到有效锻炼，得以贯通经络脏腑、四肢百骸。四肢百骸的松柔可以让气血很好的通行，发力的动作可以蓄积气血的能量发出强大的贯穿力。柔的波澜不惊，刚的波涛汹涌。气血在不同的形式下得以精炼。

八、快慢相间运动与健康

在如今的快节奏生活中，太极拳这种练习看似慢慢悠悠、不急不躁的一项传统武术项目，确实不讨年轻人喜欢。在传统太极拳里面，快慢也是一对阴阳辨证关系，没有慢就没有快，没有快就没有慢，慢是为了更快，快是更好的慢。

传统太极拳的快慢主要表现在这几个方面：一，整个练习过程的快慢；二，动作的快慢。

先说练习过程的快慢。

在开始练习太极拳的过程中，初期练习的速度要放慢。这就是很多人认为的太极拳慢腾腾地像老年人的动作一样缓慢，所以很多人称太极拳为“老年拳”。

初期的慢是在磨合身体各肢体的配合，让身体按照太极拳拳论的诸多要求进行演练，例如内三合，外三合，在传统太极拳的规定身法里练出太极拳的劲道。刚开始练习传统太极拳的时候慢慢地找到一些感觉。筋骨合劲的误差大小，内气是否在跟随，阴阳是否互根，刚柔是否相济，虚实是否互衡，腰胯是否松开，心气是否下沉，身法是否中正，步法轻灵沉稳，周身是否合一。

久而久之，这些拳论要求就能变成身体的行为习惯，只要一举手、一抬足就符合传统太极拳术的拳论要求，就会有太极拳的劲道。到了这个时候可以加快练习。每一招每一势都暗合太极之理，让身体的动作以传统太极拳术的要求变成潜意识行为，达到快而不乱，慢而不痴。

练习过传统太极拳的人就一定会有这样的体会——越慢越累。当你的运动误差越来越小时，身体向下松沉的点就越集中，承载的强度就会越来越大，人就会感觉腿脚酸胀难忍，久而久之，筋骨劲就得到了提高。传统太极拳就是这样一个练习过程，一边练一边养，一边养一边练。前期身体筋骨、气血都不够强壮，练习的时候需要等一等，等到筋骨强壮，气血充盈再加大运动量和负载。

快慢的另一个意思是每一招动作的快慢，太极拳动作套路中，快慢结合，有的动作要求缓慢，有的动作要求极快。

陈长兴著《用武要言》说：“心似火药手如弹，身似弓弦手似箭。起手如闪电，电闪不及合眸。袭敌如迅雷，雷发不及掩耳。”开弓放箭，离弦之箭的速度岂能不快？这充分说明太极拳在发劲、进攻的刹那，速度是非常快，才能达到预期目的。

动作的快慢也直接影响到体内气血的流转。慢慢地练习时，气血流动就缓慢一些，经过每一个节点，节节贯串。快速动作时，身法的动作幅度就迅猛一些，气血在体内鼓荡的就强烈一些。

在慢中练习筋骨的角度配合，气血的导引，壮养人体脏腑、筋骨。在快中检验肢体在运动中应用是否熟练，是否将拳法变成了潜意识行为，快速中还锻炼肢体对外力的反应能力和气血导引的反应能力。

传统太极拳磨炼人的心性，不急不躁，有条不紊。

在练习的过程中磨掉急躁的性格，在慢中安静下来。传统太极拳是一项长期规划的运动，非一年两年的工夫。慢是在锻炼身体的感知与反应，久而久之，就可以以慢为快。在道法自然中慢慢的修养身心，不急功近利，不拔苗助长，一步一个脚印，踏踏实实的修炼身心，静如处子，稳如磐石。内心不躁，气血也随和。

运动确实可以给我们的身心健康带来诸多不可代替的益处。运动也是阴阳的结合，运是指运化，指身体内部食物、清气之间的能量转换；动能更好的促进它们之间的转换和代谢。动是指身体外形，身躯和四肢的活动。二者也相辅相成，运给动提供能量，动促进运化的效率，运动的益处数不胜数。

传统太极拳运动已经从“庙堂”走向了“江湖”，进入了千家万户，大家只要想练习这项运动，基本上触手可得。日常坚持传统太极拳运动，确实可以有效对人体八大系统的平衡功能进行调节，提高人体活动时复杂变化的判断能力，并及时做出协调、迅速、准确的反应，使人体适应内外环境的变化和保持机体生命活动的正常进行，达到治病和预防的效果。

在心理上可以调节人体紧张情绪的作用，能改善生理和心理疲劳状态，恢复体力和精力，使疲劳的身体得到积极的休息，使人精力充沛地投入学习、工作。舒展身心，有助睡眠及消除学习和工作带来的压力。可以陶冶情操，保持健康的心态，充分发挥个体的积极性、创造性和主动性，从而提高自信心和价值观，使个性在融洽的氛围中获得健康、和谐的发展。

总　结

如今信息的发达，物流的便利，都影响着我们的工作和生活。日常生活中有部分人更倾向于使用一些保健品，或一些中药材养生，如归元膏、人参、冬虫夏草、鹿茸、海参、灵芝等来进行健康养生。

《神农本草经》中记录了365种中草药，其中植物药252种，动物药67种，矿物药46种。根据药物的毒性和使用目的的不同分为上、中、下三品。称为“三品分类法”，以应“天地人”三才。

上药一百二十种为君，主养命以应天，无毒，多服久服不伤人。欲轻身益气不老延年者，本上经。

中药一百二十种为臣，主养性以应人，无毒有毒，斟酌其宜。欲遏病补虚羸者，本中经。

下药一百二十五种为佐使，主治病以应地，多毒，不可久服。欲除寒热邪气，破积聚愈疾者，本下经。

上品一百二十种，如人参、甘草、地黄、大枣等，可以久服。中品一百二十种，如百合、当归、龙眼、鹿茸等；有的能祛邪抗病，如黄连、麻黄、白芷、黄芩等。下品一百二十五种，如大黄、乌头、甘遂、巴豆等，不可久服。

不同的药物其药物效果所反映的寒、热、温、凉四气不同，药物的味道甘、苦、酸、辛、咸的五味也不同，其作用趋向有升、降、沉、浮等不同，还有每种药物的所归经也不同。根据阴阳五行学说，药物对于经络有：补、和、攻、散、寒、热六功效，以补、泻、温、凉调理五脏六腑、四肢百骸。当人体自身的平衡系统中有某一环节出现偏差时辨证论治才予以药物进行协调平衡。

人体的生命活动是一套完整的平衡系统，无论正常状态或非正常状态。正常情况下不适合用具有偏性的某一药物保健养生进行调节。人体五脏六腑对应金木水火土，五行相生相克、相乘相侮，单独对某一两个环节进行调节势必会影响其他环节的功能，势必会打破自身五行相生相克的平衡系统。中医师在给病人开药方时一定会考虑药物之间的“君臣”平衡关系，以此协调单独调整某一环节时，破坏整体平衡，防止对其他的脏腑带来负面影响或伤害。生活中的常识，一般服药时间过长，都或多或少的会伤及脾胃、肝脏或肾脏，尤其西药的副作用更是居多。中草药相对比西药副作用更小一些，中草药熬制的汤药在《黄帝内经》被称为“毒药”，老百姓也都知道“是药三分毒”。而健康运动则是比较绿色有机的。

现代中医学研究发现人体经络具有双向调节作用，虚则补，实可泻，太极拳应用中医经络理论，其实也是具有“针灸”一样的能力。人体的筋骨也在传统太极拳运动的六合之中得到了全方位的锻炼和平衡发展，筋骨方面的疾病也得到了有效锻炼。如果将传统太极拳健康养生运动纳入日常生活中为每日不可或缺的活动，那么将会有效提高人体新陈代谢、生长发育等诸多生理活动以及机体免疫力，从而减少人体疾病的发生，促进疾病的康复。

顾留馨先生总结的传统太极拳这八个特点概括得全面且具体，让初学者可以很好的理解、受用，老学员也可以从中不断受到启发，在此基础上开发出更多的积极价值。

围绕这八个特点，传统太极拳与人体健康和中医学之间的关系，前前后后、林林总总、反反复复说了这么多，不外乎这几个关键词：阴阳、螺旋、心意、筋骨、气血、经络、脏腑。传统太极拳作为一项具有积极医疗价值的养生运动，人们在练习的过程中，处处以阴阳相合，心发之意，身体的筋骨以特殊几何结构，和螺旋缠绕的方式进行周身运动，融八法、五行、六合，通过整体综合锻炼，进而导引气血以人体经络为路径在脏腑与四肢间循环流通，存思、服气、积精，来祛除病邪，益寿延年。通过主动健康管理的概念之一，以健康运动形式构建一个具有积极价值、有品质的愉悦生活。

主动健康管理“治未病”的意义远远大于医疗活动的“治已病”。

运动出奇迹，太极更显神奇。

太极拳目前还没有被医学界认定为运动处方，但是它却充当了运动处方的角色，在河南陈家沟、河北永年、湖北武当山，有诸多学员是医院里的“弃儿”，他们依靠这根“救命稻草”来顽强地与稀奇古怪的疾患做抗争，希望能好好地生活下去。而太极拳也确实实现了一些医学难以解释的医疗价值，挽救了一些人的生命，挽救了一些即将破碎的家庭。

附文

太极拳康复心得分享

我学习传统太极拳已经满三年了，这三年的学习过程使我的生活发生很大的改变，特别是身体——从重病患者变成了健康者。随着身体越来越健康，心中的幸福感也越来越强。三年时间说长不长，说短不短，这期间能够坚持将太极拳练下来，身体好起来的同时，也有了将自己的体会整理出来、供喜欢太极拳或还在被病痛折磨的人们参考、让更多的人受益于传统太极拳的想法。

第一点体会：传统太极拳是很好的保持身心健康的方式。

没接触传统太极拳之前，我对传统太极拳的了解也仅限于从《太极宗师》等影视资料所介绍的内容，看到的也只是公园里练太极的大爷大妈们，就是小时候（初中时）的武术情怀里也绝对不会有太极拳的影子。也就是说，如果没有机缘，我是不会接触传统太极拳的，更别说去练太极拳了。当然，现在我遇到了这种机缘，虽然机缘来自于一场理论上无法治愈的疾病。如今想起来，这场病不知是上天对我的惩罚还是恩赐？

我小时候属于多病体质，所以从初中开始我就养成了早起锻炼身体的习惯。不管是上学还是上班，后来到中国地质大学（武汉）上班后，只要不是赶时间，我都会步行前往，每天都有一个多小时的锻炼时间。每次体检，各项指标都比较正常，按理说，我是不会生病的，或者说我根本也没意识到会生大病。直到有段时间，走路时脚趾关节痛（这时候还没有意识到生病，还以为鞋的原因）和手指关节肿大疼痛，我到湖北省中医院检查，血检结果诊断为“类风湿性关节炎”。我知道这个病是非常难治的，被称为“不死的癌症”，也有亲人得了这个病，很痛苦，并且目前医学（西医）水平还没有办法治愈。当天晚上，我就打电话给我在鄂州市汀祖镇的高中同学范广彦，他爸是当地名气很大的民间老中医，在得到他明确可以治疗的回复后，第二天就去了汀祖镇，到范叔叔坐诊的国医堂看病，从此开始长达一年的中医治疗过程。在范叔叔精心治疗下，病情得到了控制，基本上治愈了，这时候范叔叔就建议在吃些中药的同时，加强体育锻炼，并且建议练太极拳。

吃了一年的中药，体质也变得较差，特别是疾病留下一些后遗症：关节会随着天气的变寒而疼痛，身上的关节僵硬和活动不灵活，脚后跟走路时着地会疼，不能跑步等，病虽然得到了控制，但生活质量就变得很差了。我觉得必须改变这种状况，就开始上网查阅太极拳的信息，开始了解太极拳。当了解到曾经有位学生初中得了类风湿关节炎，后来因为练习太极拳，不仅上了大学（华科）并且参加比赛还得到世界太极拳冠军，这一下子就增强了我的信心。又从网上知道，每年都有很多得了疑难杂症的患者去陈家沟练习太极拳，很多人得到了康复，说明太极拳辅助治疗不是个例，于是就开始寻找太极拳馆。

网上找寻太极拳馆其实不难，但找到正宗的陈氏太极拳馆，对于一个不了解太极拳的我来说，完全就是运气。网上找到东湖旁边的一个陈氏太极拳馆后，我就打电话预约，然后去体验，开始与黄克刚老师结缘，与传统太极拳结缘。

黄克刚老师是我认识的第一个“武林人士”，让我心里挺有神秘感的。我练传统太极拳的目的当然不是当武林高手，只是想通过太极拳来恢复身体健康。我也知道“类风湿关节炎”是很难完全治愈的，所以做好了打持久战的准备。初期体验是决定是否跟着黄老师学太极拳的关键，体验的方法或判断依据是自己身体的感受。跟着黄老师初学传统太极拳一般都是从热身和站桩开始的，我由于身体原因，热身动作做得不到位，站桩也是以前从没有做过的，肯定也不到位，但神奇的是，经过黄老师调整后，我第一次体验到站桩对病痛的缓解作用。当时是十二月份，武汉还是挺冷的，关节的疼痛也很明显，经过十多分钟的站桩后，手指关节就感觉不痛了，像是打了麻药似的，当然这种缓解只是短暂的。经过三次体验后，我就决定跟随黄老师练习传统太极拳，正式步入太极生活。

很多人认为传统太极拳辅助治疗是个慢长的过程，但后来则体会到这其实是个非常有效非常快速的过程（针对慢性病而言），当然前提条件是有个明师和坚持（这两点也是我的体会，后面详述）。

传统太极拳练习给我带来的变化外人看起来是缓慢的，但我自己每天都能感觉到身体的变化。现在回忆起来，就像漂在大海里的小船，有根绳子远远地拴在岸边，每天都能拉近岸边一点点。具体点说，就以关节疼痛作为例子：手指、颈椎和脚后跟。每次站桩时，手指关节就有通热“气”的感觉，站完桩后，手指关节的疼痛就缓解，大致两个月后，手指关节也就不再疼痛。颈椎和肩膀在开始练习时，非常僵硬，不能转头，手也不能抬起来，每次站桩时，感觉后背就像肌肉撕裂的感觉，非常非常疼，有时就这么煎熬过二十分钟，完成站桩，背部就很舒服，随着次数的增加，肌肉撕裂的感觉越来越轻，背部的关节慢慢也就打开了；脚后跟开始练习时，不敢用力，站桩时就像一根粗钢针扎进去一样，完成站桩后，脚后跟马上就不痛了，非常神奇，练习次数多了，脚后跟站桩时也慢慢不痛了。大致过了半年，身体的疼痛也基本消失，中药也停了，身体也基本恢复了，这是我开始时想都不敢想的。

传统太极拳不仅帮我治好了顽疾，同时也治好了其他难治的小毛病：如咳嗽和鼻炎。以前，每到换季时，白天还好，一到晚上就咳嗽，并且咳得比较厉害，大大影响了睡觉质量，必须吃中药才能止住，但下次换季时，还会再犯。坚持练传统太极拳后，这种情况就消失了。我也有过敏性鼻炎，每次感冒后，鼻孔必塞，非常难受，必须吃些药才有所好转，坚持练习传统太极拳后，得感冒的次数少了，感冒后鼻孔也不塞了。

传统太极拳也使我的体质得到了更大的提升。每次站桩前，脸色完全不一样，二十分钟的站桩给我的感觉就像睡了一觉一样，精神清爽。现在我感觉身体状况非常好。一天上八节课，坐下休息半小时就得到恢复。

上面分享了我三年来通过练习传统太极拳恢复了身体健康的过程，心中也充满了对黄老师的感激。充满了对太极拳的感激。同时也希望那些和曾经的我一样饱受病痛折磨的患者，能够多一种战胜病魔的选择和必胜信心。

第二点体会：学传统太极拳一定要向明师学习。

如今，练太极拳已成为我的一种生活习惯。每当我遇到同事或同学，往往情不自禁地向他们推荐太极拳，特别是受到慢性病或不间断小病折磨的人，我都以自身的经历去劝说他们练太极拳。一般而言，他们首先感到惊奇，接着又产生怀疑，有的会说“我也练习过，好像也没这么神奇！”“我身边也有人练习太极，练习几个月后，膝盖反而坏了”等等对太极拳进行否定的话。听到这些，我就会向他们说明，太极拳一定要向明师学习。所谓明师，是指真正练过传统太极拳并且达到一定水平，对传统太极拳的拳理和练习方法熟悉，最好是传统太极拳的入门弟子，简单地说，就是真正懂传统太极拳的人。

首先，明师可以在开始的时候就能让你体会到传统太极拳对身体健康带来的积极作用。当一个人开始练习太极拳时，太极拳若能在较短的时间内带给身体以好的变化，就能增强练习者的兴趣和信心，特别是想利用太极拳治疗疑难病时。身体的变化虽然不能说“日日新”，但每周都有进步，每个月都有明显的效果，直至最后所有不好的症状都消失。

其次，明师都懂得根据每个人的不同安排练习方法和时间。每个人的身体情况不一样，每个动作能达到的标准程度不一样，只有按照拳理，根据每个练习者的特点循序渐进，才能达到最佳的效果。另外，传统太极拳练习只要按照正确的方法是不会产生损伤的，而所谓的正确方法是指在原则性问题正确的基础上，适合练习者特点的方法，并随着练习时间和身体状况的变化而不同。

明师也能够对所教授的内容理解较深入，对每个练习动作都能讲出道理来，这就让练习者对太极拳有了更深入的了解，有助于练习者思考，不断解决练习过程中所遇到的问题。练习过程中难免会出现“挫折”或“懒惰”情绪，明师也会共享自己在练习太极过程中的体会，同时给学员以鼓励，有利于练习者对练习太极拳的坚持。

明师与名师是不同的，明师可以是名师，名师也可以是明师，但二者并不是相同的概念。名师特指名气较大的太极拳师，这些名师中很多是经过数十年的苦练和钻研，不光有很强的功力，并且在长期的练功过程中，对拳谱上的话有较深入的切身体验。但是近年来社会上也出现了少数所谓

“名师”，没学几年太极拳，平时也不刻苦练习，就自立门户或自称大师，这些人往往不懂拳理，根据自己的臆想随意改动动作，往往误人子弟。“太极十年不出门”这句话，就说明太极拳练习过程是很难的，不经过刻苦的过程是不可能对拳理有较深入的理解。

什么样的人算是明师呢？我个人认为首先是师承传统太极拳师，不管是陈氏或杨氏，传统太极拳都是师带徒的方式进行传承的，师父对徒弟的要求非常严格，特别注重基本功的练习，这样练出的人不光功夫高，对拳理的理解也随着功夫的进步而更深入。明师还得懂些中医，特别是经络。中国传统武术家一般都是懂中医的，传统太极拳练习过程中身体肌肉处于放松状态，肌肉放松时，经络就容易通，经络通了，身体的生命机能或阳气就强了，这大致就是太极拳治病的最基本原理吧。太极拳和中医都是中国传统的精华，也是中国文化不可分割的部分，若能懂些阴阳五行理论，就可以从哲学层面上了解传统太极拳，从而就能够将拳理简化为阴阳变化，更便于理解。

我遇到黄老师真是一种幸运。黄老师是明师，师承于陈氏太极拳掌门陈小旺大师的教学体系，并且得到陈小旺大师的指导，练习传统太极拳十多年，同时也非常热爱传统太极拳，也愿意让更多人学到正宗的陈氏太极拳。同时黄老师还积极地学习国学和针灸，并且将所学知识用到太极拳教学中去。

第三点体会：练习太极拳最关键的是坚持。

现在也有一些科学研究证明，传统太极拳对疾病有一定的辅助疗效功能，也有待继续开发；明师也是可遇可求的，很多从陈家沟出来的教练都在全国各地传播陈氏太极拳，几乎每个大中城市都有学太极拳的拳馆。练习传统太极拳和从传统太极拳中获益，最关键也最困难的是坚持。

坚持练习是非常重要的，每多一份坚持，就会多一份收益。我有位高中同学，学习陈氏太极拳多年，也是陈氏太极拳的入室弟子。当初，他首先肯定了太极可治我的病，同时他看我的身体状况，说我能坚持下来。我问他为什么，他说练太极很难坚持，身患重病的人练习往往都能坚持下来，他见过一些通过练习传统太极拳身体康复的人。

人生病的原因很多，归纳起来大部分是因为人们对自己身心的过度使用，从健康到亚健康，从亚健康到生病一步步发展而来的，很多慢性病的治疗过程十分漫长，恢复过程也需要很长一段时间。我自从跟随黄老师学习太极拳后，每天晚上都在家练习站桩，不管是什么天气，也不管自己有没有别的事或遇到多大困难，练传统太极拳成为我每天必须做的事。正是由于这种坚持，才让我的身体完全康复。传统太极拳练习时间的长短不光决定身体的变化，同时，也让人慢慢对拳理有了较深入的理解，慢慢知道传统太极拳是一件非常有意思、有内涵的运动。黄老师教给我们的话，随着练习时间的不断增长，自己在身心上的体验也在不断验证。

如何才能坚持下来呢？我根据自己的经历和体会给出下列建议：

首先将太极拳练习作为每天必要的事务。身体是革命的本钱，身体健康才能好好生活、学习和工作，而传统太极拳是一种保持健康的方式。若大家将看手机、看电视的时间用在练习太极拳上，将太极拳变为生活的一部分，身体就会越来越好。

有一群练习的伙伴也很重要的。练习太极拳是一个枯燥的过程，一个人练习往往很难坚持下来。记得刚开始练习时，每天都像打卡上班一样去练拳。不光有黄老师的指导，也有其他学员和老师的帮助，特别是当时馆里的助理教练，他不仅陪我练习，还经常鼓励我，陪我度过了最难熬的时光。好的伙伴不仅可以相互督促学习，同时也能交流心得体会。

一家人一起练习太极拳是比较理想的方式，这也是我家三口每个周末两个上午的固定任务。虽然女儿是被迫的，不过现在也慢慢习惯了，相信她长大后会感谢我们的坚持。

收获很多，就不详细叙述了。总之，希望大家能够从我的体会中了解传统太极拳，引起大家学习的兴趣。

石斌：（中国地质大学教授）

2019. 12.

于中国地质大学（武汉）

第五章　太极拳教学体系与健康

一、科学的教学体系

如今进行养生健身运动的人群选择练太极拳的越来越多。公园里，小区里，广场上，练功房，养生馆，体育馆，都能看到他们的身影。

大家天天都在练习，都想通过练习太极拳给自己的身心健康带来积极的影响，但坚持练习太极拳的受益结果是人人都满意的吗？据对身边的练习者的调查，满意人群的概率只占到一半多一点点。

为什么还有一部分人不满意，甚至最后还出现了质疑和反对的声音？针对这个问题，传播者和练习者都需要反思。

从练习传统太极拳中获得身心受益的基础是科学的教学体系。传统太极拳教学者自己有没有搞清楚什么是太极拳？练习者有没有搞清楚自己选择的是什么类型的太极拳？整个学习体系是否科学？练习方法是不是符合现代科学养生的概念？

以上的问题应该从两个大的方向进行反思：1. 教学课程体系设计是否科学化；2. 课程训练方法是否科学化。

经过多年的太极拳文化知识普及，现在大多数人对太极拳也具有了一定的认知能力。比如说大家都知道公园里的简化太极拳，只有外形，缺乏内涵。大家看到只有外形的太极拳，便说这不是太极拳，而是太极操。也知道，练习真正的太极拳，最重要的是要练习太极拳内在的文化，不在其形，更重其意。

（一）

传承有序。

目前，太极拳的门派、套路越来越多。改革开放到今天，全国人民在党和政府的引领下，发展经济、文化，人民群众生活水平和生活环境大大提高。同时党和政府也非常重视人民群众的生活健康状况，一直在积极推广一些传统的养生健康运动项目，养生健康运动的市场份额越来越火爆，利益点越来越多。

一些人为了占领市场，获取经济利益，就标新立异，纷纷自编套路，自立门派，五花八门，应有尽有。养生健康运动市场中“大师”横行，“馆长”“会长”四溢，以至于现在的“大师”几乎成为了骂人的话。

陈鑫在《陈氏太极图说》中就说过“拳以太极名，故人必有以深明乎太极之理”。如今大多数自创的套路很多不合太极之理，创编人自己根本没有搞清楚什么是太极，太极包含哪些思想，就在那里想当然地胡编乱造，哗众取宠，冠以各种高大上的名称，甚至以自己的名字命名太极拳名称。然后再杜撰一些故事，拜了很神秘的师父，得到了真传功夫，拿了什么国际大奖等一些空假的来历和噱头，搞一些商业炒作，做一些虚假配合的表演进行传播，来忽悠不明真相的广大人民群众。

拜了什么师父，得了什么真传，或是拿了什么大奖，这些不重要。真正重要的要看是否明白了该门派拳法的理论体系，有没有搞清楚拳法中的运动规律，知晓阴阳、刚柔、虚实之间的原理与变化。

名曰太极之拳，必合太极之理。

随着科学和文化的不断进步，传统太极拳的价值被开发得越来越大，并且依据科学的理论，去伪存真，越来越科学化，让练习者不再感到神秘。

那么后人可不可以创新呢？肯定是可以的。只是创新的东西要经得起科学的理论和实践来推敲和考究。

一个动作或一个套路一定要有其武术运动的合理性，要有充分的理论依据，引经据典。更要搞清楚传统太极拳的理论体系构成，搞清楚传统太极拳的基本身法要求，在前人的基础上，依据太极之理与现代科学理念来进行创新升级，不断完善，而不是闭门造车。

从明末清初太极拳创始起，自立门派的比比皆是，但是真正有正统的理论体系支撑，流经几百年经得起推敲考验而能久传于世的不超过十家。而这几家传统太极拳门派每个年代都名手辈出，足以说明其体系的正统性、科学性，不然早就被否定消失了。

正统的名门正派，它的武术体系都是经历过几代甚至是十几代人的不断传承和校正。某一辈的传承人可能用一辈子的时间来校正某一句拳论，到生命的最后才能总结出这句拳论是对还是错，或是还有哪些需要修正的地方。也可能用一辈子来为拳法的某一项缺陷进行改善和提升，更甚者或许发现自己年轻时提出的拳法理论，到最后竟是错误的。但即使是错误的，也是有意义的，可以避免后人有类似的理论出现。这些事例多得很。

中国古代武术门派的家族和师徒传承方式有着其相对闭塞的一面，但正是这种闭塞的传承方式却也很好地保证了武术体系传承的完整性和延续性。因为有家族和门派的使命感，拳法才能源远流传。保证上一辈人一辈子的武学经验得到完整的继承和发扬，在一代代人中逐步完整建构体系，缩小误差。

作为太极拳的宗源流派，陈氏太极拳的创编也不是一蹴而就的，更是历经了十几代人的生命历程，是用血泪、汗水和生命铸就而成的。

从明初的陈卜立家规习武到清末的陈王庭中间约 300 年，从陈王庭创拳、陈长兴创老架体系中间又 200 年，从陈长兴到陈发科创新架体系又过了 100 多年，再到当今陈小旺老师，又是两代人的光阴。陈氏家族历经 700 年左右的心血，一代接着一代把拳沿袭到今天。

后人总是在前人的基础上积极地完善，逐步地提升，促使武术体系处于不断的发展与进步中。武术体系一样要与时俱进，与社会文化同步发展。

到如今，太极拳在民间流行的态势已经发生了很大的变化。

陈氏太极拳发展到现在，在陈氏第十九世掌门人陈小旺老师的带领下，响应国家的全民健身计划号召，充分发扬陈氏太极拳在养生运动方面的功效。如果要想练真正的太极拳功夫可能还得去陈家沟进行专业的武术功夫训练。

而前期在人民群众中比较流行的杨式太极拳，也不是那么简单地创就而成。杨式太极拳的开门始祖杨露禅早年在陈家药铺当伙计，后来到陈家沟才学到了陈氏家传功夫，在京城立擂台三月无败绩，人称“杨无敌”。正是杨露禅在京城与无数武林豪杰的功夫切磋，才校正了其拳法的合理性和完整性。在经历了其子杨健侯、杨班侯后，在其孙子杨澄浦大师的时代，才在江湖中逐渐形成自家的特色，成就了一家新的太极拳门派。

我们的祖先是非常智慧、质朴的。日常生活中的生产劳动也可能是武术体系创造的来源之一。武术来源于生活，也是生活中的一部分。太极拳是贴切于我们平常生活的一项运动。不玄不虚，不脱离实际生活，是很接地气的一项运动，只要身体力行的人都可以进行学习、练习。

陈、杨、吴、武、孙、和、赵堡、武当等现行的诸多正统流派，都有着历代祖师大德的经验传承，都经历过历史的考验与发展，其理论体系也趋于完善、去伪存真，科学性越来越强。这几家武术系统都是国家承认的正统武术体系，其传承人都被列为国家级非物质文化遗产项目传承人。

（二）

科学的课程设计体系。

根据当下人们的生活工作状态，太极拳的课程内容设计需要适应大家各自的需要和自身的条件。

科学的课程内容体系设计应该先从基本功课程设计入手。

不能为了迎合一些急功近利的练习者，一上来就教学各种的武术拳法套路，刀枪剑棍的套路教学，而忽视基本功课程的重要性。只有武术套路，身法没有在武术体系的基本功中打磨，练不出太极拳的韵味，最后反而练出一身坏习惯，教学中流传着这样一句话“教拳容易改拳难”。

从易到难，从简到繁，循序渐进的才是科学地课程设计体系。

养生运动有养生运动的练习方法，功夫有功夫的练习方法，参加比赛有参赛的练习方法，不管哪一种，都是有一定“套路”的。

在这里我们说的是养生健康运动的课程体系内容。

这个课程体系应该是从基本功，拳法套路，短器械，推手，再到长器械终止。

传统太极拳的基本功包括热身功，桩功，缠丝功。

进行每一项运动前都要进行热身，热身运动时，体内气血流动速度增加，可改善肌肉骨骼及关节活动范围，进而让肌肉骨骼和其他结缔组织的伸展性也得到提升。热身运动后，全身的肌肉和骨骼经过气血的流动和摩擦，身体表层体温升高，肌肉和韧带的柔韧性得以提高。热身是为了活动肌肉和骨骼，肌肉、骨骼没有活动开，就会在运动中生拽硬拉而受伤。

热身对于传统太极拳的练习至关重要，身上的筋骨没有活动展开，韧带没有松开，那么气血很难在全身腠理间、筋骨间周流不息，气血会在一些腠理、筋骨僵硬的地方卡住、停滞，难以顺畅通过，这个时候使用蛮力运动就会拉伤筋骨和韧带。

传统太极拳的热身同样可以有效提高并保证运动的安全性。热身时开始调动气血，气血流量增加，经络间的气血充足，加上气血的有力推动加快，新陈代谢加强，加速消耗脂肪产生热量。热身开始提高神经系统的敏感度，调整身心状态，提升锻炼效果。筋骨拉开，气血通畅，在气血的濡养和锻炼下，筋骨越发强壮，脏腑越发充满活力，为下面的练习运动提供能量支持。

如果一上来就开始练习套路，不重视套路前的热身，这是不科学的，哪怕是在气温适宜单衣的时候也是需要从热身开始。

运动前的热身功，除了抻筋拔骨外，也在锻炼筋骨的配合和负载。桩功是传统太极拳课程体系里面不可或缺的一部分。桩功对于强筋壮骨，修养脏腑、经络有着很好的功效。

第一，桩功就像一台纯天然的CT机一样，在我们身心安定的状态下，对身体从上至下进行全方位的扫描。哪里有问题，自己都可以觉察到不适的感觉，诸如酸麻胀痛等。轻微的问题可以通过几次站桩调整康复，中度的问题需要的时间更长一些，严重一些的可能需要就医治疗。只有把身体调养好了，才有精气支配身肢的运动。

目前传统太极拳在治未病领域、康复领域和诸多慢性病领域的调理有相当的积极影响，在某些方面有着不可替代的作用。传统太极拳可以作为医疗的有效辅助手段，或是某些非医疗治疗手段，但目前开发出来的医疗价值还有限，有待继续科学地挖掘。

第二就是让身体在静止的状态下感受周身的合劲。外三合，内三合的最初感觉是从桩功开始。在静止的状态下，找到周身合一的状态感觉后，产生肢体记忆，再在武术套路运动的过程中去找到这种周身合一的感觉。

第三，练就以丹田为核心的运动体系。前面多次阐述内家拳体系以丹田为核心的重要性，传统太极拳肯定不能例外。站桩的身法都是以丹田为核心的，肢体间的各种角度配合都是为丹田服务的，传统太极拳武术套路中身法的各种运动也是以丹田为核心展开的。

筋骨展开，筋骨强壮，体会到筋骨相合的感觉，才可以进入下一阶段—缠丝功的练习。

前面我们已经说到缠丝功在传统太极拳练习中的重要性。不练习好缠丝功，是没有办法进行传统太极拳套路的练习。缠丝功是陈氏太极拳的核心、基础，只有熟练掌握，才能掌握陈氏太极拳的运动特点和身法要领。丹田是静止的合一，缠丝是运动的合一。

缠丝功就是太极拳。很多人认为练习一套完整的太极拳才是太极拳，缠丝功只是太极拳的基本功而已。殊不知传统太极拳的武术套路就是不断变化、组合的缠丝功。传统太极拳套路里的动作都是各种缠丝功法的变换和组合，而陈氏太极拳的缠丝功法有十势之多。

有时候时间不够或者场地不够，练习者就可以原地练习一下缠丝功，仅需一平方米的场地这也是在练习传统太极拳。

好多人练习了多年后，总感觉自己的套路差一点太极拳的韵味，但是又不知道问题出在哪里，从哪里着手改善提升。在笔者经历的许多教学交流过程中，绝大多数练习者都缺乏基本缠丝功的训练。只要坚持练习一段时间的缠丝功，并把缠丝功融入每一招一式中，这套太极拳的韵味就马上有所提升。

而在传统太极拳的整个练习过程中，只要发现有动作问题，诸如别扭，断劲等；或是好长时间没有长进，那么就又须从缠丝功着手练习突破。

在每一阶段中，对缠丝功练习的感悟和理解是不一样的。缠丝功的练习伴随着太极拳练习的整个历程，每个阶段要想有所突破，就非缠丝功不可。

天下武术是一家，天下太极是一家。“一家”是指武术的思想内涵相通，而身法表现还是有所差别的。

练习哪一派的太极拳，就用哪一派的基本功。不要用陈氏太极拳的基本功去套杨式太极拳，不要用吴式太极拳的基本功去套孙式太极拳，更不要用武式太极拳去套武当太极拳。每一派都有自己的特点，为了突出这个特点，身法上就会有所不同。而练就自身特点需要的基础也是自成一体的。

练拳不练功，到头一场空。这个“功”就是指武术套路的基本功。

在传统太极拳的整个练习过程中，最开始练习热身功时，会发现身体有点累，吃不消。前期没有练习过太极拳的人，筋骨相对都弱一些，有一段时间身体感觉到累是正常的现象。

开始练桩功时，发现桩功也累；下一步开始练缠丝功时也有点累；最后开始练套路时发现更累，这就是课程内容设计的循序渐进安排。如果没有前面的基础，一上来就练习套路，结果是无功而返。

筋骨没有支撑力时，周身筋骨硬顶，心气根本沉不下来，上实下虚，人晃晃悠悠，重心不稳。在硬撑的过程中身体僵硬，气血运行不灵活。

有了扎实的基本功就可以练习拳法套路。陈氏太极拳老架一路是陈氏太极拳的老套路，自陈长兴先生于清嘉庆年间创编至今已流传200多年。老架一路堪称经典，堪称传统武术套路典范，将八门劲（挒、捋、按、挤、採、挒、肘、靠）、五步法（进、退、顾、盼、定），手型的拳、掌、勾、刁，腿法的蹬、踹、踢、勾、扫以及身法的蹿、蹦、跳、跃都收纳于其中，全身得以在这个套路里面全方位的舒展锻炼。

当基本套路娴熟以后，最难的是内气的训练，特别是到手。短器械的练习能解决这个问题。当你手握兵器时，意识自然能到手，当招势中刀或剑的刺法时，意识会到刀尖、剑尖，虽然前期可能到不了刀剑或剑尖，但差不多能到手然后逐渐延伸。

太极拳器械套路相对于拳法套路，强度则更加大一些。常见的陈氏太极单剑共49势动作，练习时3分钟内完成。而老架一路75个动作，正常完成时间是18分钟。可见剑法的套路时间很短，速度很快，在这么短的时间要完成全部动作，对拳法套路中身法的标准要求很高。

在传统武术体系里面，器械就是身体肢体的延长，剑也一样，是手臂的延长。剑身单薄，轻灵，须以身运剑才能发挥其威力。所以如果没有认真练习老架一路三年左右的功夫，单剑很难驾驭。

剑作为肢体的延长，意达剑尖，你运气就要达到剑尖，这样就加大了体内气血的训练，意长气长力更长。

通过短器械的练习，意识和气都差不多能到手，这个时候就可以学习下推手。

推手这个练习方法也是陈王庭晚年和太极拳一起创编的。推手主要是将太极拳的八门劲和一些擒拿的手法糅合在里面，练习听劲与化劲，以此来检验日常拳法中练习的一些身法运动误差或错误。

长器械对身法及功力要求更高，身体条件好的可以学习。长器械比短器械重，需要周身配合才能运行起来，在促进周身一体的练习上发挥更好的作用。如果身体条件不允许，或场地限制，长时间练习短兵器也可以达到效果。

相对而言，武术拳法套路也是基本功，武术的最终目的是要能用于技击实战。在如今的养生健康运动中，太极拳的武术拳法套路是基础，器械套路则是养生健康的最终目的地。

基本功（热身功，桩功，缠丝功）—基本套路—短器械—推手—长器械套路，这样步步为营、一气呵成的课程结构才是科学的、完备的。

（三）

教学者。

传承有序的武术体系，适应当下社会需求的课程内容进阶设计，有传承资格并有相当教学经验的传播教学者，加上科学的训练体系，这样综合起来才是养生健康运动效果的有效保障。

完备的课程体系和有经验的教学者也是阴和阳的关系。课程体系为阴，教学为阳，相辅相成，缺一不可。

相对而言，教学者比课程体系更重要。课程体系是教学者汇编而成的，也是由教学者在教学过程中不断总结完善的。

现代社会日益开放，随着太极拳养生健康运动市场教学者的需求，一些门派的传承者开门收徒，积极培养太极拳武术教学人才。他们的弟子中，只有少数一部分人会从事教学工作。这少数人中又只有一部分人从事专业的传承和研究太极拳法。

真正的传统太极拳教学者必须是有明师的师承。

“明师”，而不是“名师”。

教学的老师一定是要对传统太极拳有所研究，能把太极拳拳论里里外外讲清楚搞明白的才是明师，而不是只有名气的老师。拳理明后，然后能用自己的身法来阐明拳理，最后用学生能理解的言语有效表达后，学生也能做到，理明、身明、言明才是明师。

师承重要吗？重要！这是中国传统文化的特质。中国传统文化的师承不仅仅是磕一个头、拿一个证书而已，师父是要对徒弟言传身教的，徒弟跟着师父不仅仅是学功夫，更是要学习师父的优良品德，学习师父的教学方法。

师父在教学过程中也是在不断改进，不断累积经验，不断修正的过程。除了继承师父的功夫外，还要继承师父的教学体系，这样可以很快地掌握课程训练方法，使学员尽快身心健康受益，省去摸索、探索教学模式的大量时间，也不会耽误学员的练习时间。

教学者如果自己探索构建教学体系，这将是一个漫长的试验过程，学员将不能稳定地进行系统训练，也不能在最短的时间内开始受益。

教学者要在前人已有验证可行的教学模式上，逐步根据实际情况做一些改善。教学模式不是千篇一律的，一定要因地而异，因人而异。每个地域的文化特征不同，人和人的特征也不尽相同，并且每个人练习太极拳的汲取点也不相同。这就需要教学者有丰富的教学经验，深谙拳论的各种解释，才能够因材施教，受益与人。

传统太极拳拳论里大多是一些抽象的武术理论，要把这些极抽象的概念讲得生动具体，还是非常有难度的。需要大力地钻研拳论以及拳论的构成体系，领会拳论的内涵，还需要有丰富的语言体系和娴熟的表达能力，才能让学员当下释疑，理解到位，心知身到。

传统太极拳这么一支优秀灿烂的传统文化需要有教学者身体力行的学习、研究、传播，不能讹传讹，贻误他人，轻则伤身，重则伤命。

只有跟随明师，在科学的教学内容安排下，才能逐步有效地进行太极拳养生健康运动。

附文一

从武侠梦说起——一点习练传统太极拳的感悟

很多中国人心中都有一个武侠梦。我们80后这代男生，小时候都痴迷各种功夫片和武侠电视剧，梦想自己有朝一日成为武林高手。我们所崇尚的武林高手，一般都不是以力量或阴谋取胜，而是有谦谦君子之风，能够将武艺、哲学与道德融为一体，最终都是以弱胜强、以柔克刚，最高深莫测的功夫往往在长满白须的高僧与高道身上。这似乎很符合中国人的体格特点和民族文化。在世界诸民族中，中国人的身材是相对瘦小的，我们的文化也强调和平与和谐，因而不太喜欢西方式的拳击格斗，极少出现史泰龙式的格斗明星。我们的功夫偶像往往是叶问式的，一套功夫中蕴含着深刻的哲理，适合每个人练，男女老少都可以，即便你的体格不是那么高大威猛，通过长时间的练习与领悟，也能够成为一代大师。

由此看来，传统太极拳是最适合中国人的体格特点和民族文化的。传统太极拳的太极阴阳理念，心与意合、意与气合，炼精化气、炼神还虚，以静制动、以柔克刚，几乎就是中国传统哲学观、价值观和宇宙观的化身。在太极拳中，我们把自己的身体也看作是一个小宇宙，最高的境界就是实现身心和谐、天人合一。

在武汉大学校园中，也隐藏着多个“小武林”。由于优美的校园环境和开放包容的学校氛围，很多人都在武汉大学内教拳练拳，形成了各种“武林门派”。就中国传统武术的内家拳而言，据我所知就有太极拳、八卦掌、形意拳等各种拳法。其中太极拳又有陈式、杨式、孙式、和式、武当等各种套路，大家在校园内各个不同的场地和不同的时间，互不干扰也私底下相互较劲，形成了一个很有意思的校园小武林。

我在2007年的时候，开始跟着和式太极拳的传人侯尔良老师学习了一两年时间的和式太极拳，那个时候在宋卿体育馆旁边的樟树林底下，人多的时候有四五十人在一起练习，成为一道很好的校园风景。后来侯老师未在武汉教拳，自己又断断续续练习了好几年，但始终没有很好的坚持。近一两年，由于工作和生活的关系，越来越感觉到一个良好的身体和精神状态实在太重要了，决定不能再因循退缩，一定要将太极拳坚持下来。

2019年6月份认识了黄克刚老师，遂开始练习陈氏太极拳老架体系。黄老师跟随陈家学艺多年，于一个独特的机缘出山来到武汉进行传统太极拳的研究与传播，在武大的课堂上为同学们解析传统武术、传统太极拳的神秘面貌。黄老师秉承武汉大学教研风格治学严谨，把传统太极拳理论体系的来龙去脉搞得清清楚楚，明明白白地为我们讲拳。继而提出“文武医道”的体系构建，让我们对传统太极拳的认知耳目一新。在珞珈山环山北路原水厂的院子里，树荫遮蔽，无日晒雨淋，蔚为一处宝地。从此以后，每周六、日的上午，便成了我最快乐的时光，只要没有工作出差安排，一定要过来和大家练习一上午。我对于陈氏太极拳还是初学，不敢谈有多少心得体会，受黄老师嘱托，在疫情居家期间，更加认识到坚持练习太极拳的好处，增强身体和心理免疫力的重要性。

下面就个人三点练习体会与大家分享。

首先是明师。教学老师应该知晓中国养生健康运动体系的基本原理，然后根据当下的社会生活、工作实际情况来制定适宜、完善的教学体系，能让学员的身心健康尽快受益，在快节奏的时代节约学员的时间成本。

从本科生到博士到留校工作和任教，我在武汉大学见过不少教养生运动的老师，也练过一些养生运动。黄老师让我发现传统太极拳确实是完美运动，以最小的身体消耗，带来身心最大收益。太极拳属于内家拳体系，必须有内在的关于气息的导引训练，还是其思想内涵，不能只空有外形而已。黄老师在教学中因材施教，他可以解决一个班级中不同的需求和问题，让学员在最短的时间内受益。

其次是坚持。首先我们得承认完成一个目标或任务都需要坚持，只有坚持才能让我们走向最终的胜利。急功近利的当下，人们总希冀立竿见影、吹糠见米。中国传统文化奉行中庸之道、无过不及，中国传统文化正是具有这样的风格特点才绵延五千年而经久不息。黄老师也经常在课间跟我们说“一日练一日功，一日不练百日空”，还说“太极拳是最实在的一项运动。有的付出不一定就会有收货，但太极拳只要练习就有受益，练得多，受益得就多，练的时间越长，根本的问题就解决得越透彻。”相信只要坚持练习过太极拳的人就一定有这样的体会，坚持必然受益，必然胜利。

最后是循序渐进。这是我在黄老师的教学体系中感受与以前经历最大的不同。

在其他地方学习太极拳，一上来老师就会给你上套路，教招式，想学什么老师就会教你什么。在黄老师这里，首先他会和你聊，看看你想通过学习太极拳的需求是什么，你对太极拳的知识了解多少，然后根据你的身体条件给你制订课程练习建议。但基本上所有的人来跟黄老师学，都要先从基本功开始，无论是有国家武术六段还有拿过各项大奖金牌甚至冠军的，在这里都要从基本功开始。打牢基础后，才开始根据你的需求安排教学课程。我开始也不理解，感觉有些拖延教学时间。最后才体会到黄老师说的，当你开始练热身功感觉筋骨气血弱有点吃不消时，却发现站桩虽然静止不动，却比热身功累；当你能站一个小时的桩功时，发现练习几分钟的缠丝功更累；当你练习套路时发现套路比缠丝功累……所以练习传统太极拳一定要先踏踏实实把基本功扎牢，步步为营，否则很难入门，身心健康有效率也很差。

我开始练习传统太极拳不久，一点点心得与大家分享。传统太极拳将会是伴随我一生的健康运动，我的太极生活。

（作者：钟晟 博士，武汉大学国家文化发展研究院讲师、文化规划中心主任，荷兰阿姆斯特丹自由大学访问学者，湖北省文化产业学会副秘书长。）

二、科学的训练方法

太极拳是一项传统武术体育运动，需要通过身体力行来表现太极的思想，它是一种肢体的语言。教学者除了把拳论理解透彻以外，更是要用身体把理论展现出来。

太极拳理不仅仅是知道，而是要做到，更要教给他人也可以做到。

前面我们讲过，太极拳是一项适合男女老少练习的健康养生运动，只要身体力行的人都可以进行练习，其包容度很广泛，国外还有一些机构甚至开发了坐在轮椅上练习的一些太极拳动作。

在练习过程中，我们要注意练习的方法，课程内容的设计是循序渐进的，我们的练习方法也要循序渐进，不可急功近利，也不能懈怠。

《道德经》第二十五章说："人法地，地法天，天法道，道法自然。"

这个道法自然，在传统太极拳训练体系里有两个含义，一是指人身之自然；二是指四时之自然。

（一）

练习太极拳的人都听说过一句话"人人一太极"，这句话包含两层意思，一是每个人都是一个太极世界，二是每个人都有自己的太极世界，与他人不尽相同。

每个人的身体特征都是不相同的，高、矮、胖、瘦、壮、弱，还有每个人的筋骨结构都不一样，亲兄弟姐妹之间也有差别。在后天所受教育中，每个人所接受的文化认知也有所不同，那么认知思维也是不相同的，造成每个人对太极拳的理解不一样，所以每个人练习出来的太极拳韵味各有不同。

传统太极拳刚柔并济，练习时刚一些对不对，柔一些对不对？动作快一点行不行，慢一点行不行？都可以。但有一个前提不能变，不管或刚或柔、快或慢，传统太极拳的运动规律不能变。在传统太极拳运动规律不变的情况下，可以自由发挥创造。

我们在根据课程设计循序渐进进行指导练习的时候，要根据自身的身体素质来逐步练习。特别是长期缺乏锻炼的中老年人，肢体僵硬，韧带收缩，开胯下蹲困难，腿部筋骨力量羸弱；骨弱筋软的一些女性朋友；慢性病朋友，康复期朋友等，需要有科学的训练指导。

身体素质各异，但有一个训练的指导方针是一样的，那就是“道法自然”。

有些新手一上来就按照老学员的身法或教学者的身法进行训练，结果肯定是非常吃力的，更有甚者还会出现筋骨韧带拉伤等运动损伤的情况。

前面说过，练习太极拳结果的检测方法之一就是自我主观感觉“身心愉悦”。在练习的时候不可强用力，强用力的情况下，肢体就会僵硬，气血流通不畅。

多大的强度是合适的呢？

每个阶段根据自身的筋骨、气血承受的舒适度再加一点点强度就可以了。身体硬撑，气机停滞、紊乱，不但无益，反而有害。

开步步伐不要太大，上步时能保证前、后有虚实，横开时左、右有虚实，传统太极拳除了起势没有虚实以外，其他招势都有虚实，且虚实分明。

松胯开裆也不要太宽，保持两腿筋骨能轻轻撑起身躯和两臂。身法高低跟开步的距离也有关系，开步距离越宽，身法下蹲就越低，开步距离越窄，身法就越高。身法高低和开步大小距离的配合关系，也是为了保证两腿虚实的变化。

身法越大越低，下盘的承载就越大，新学员不要羡慕并模仿学习老学员或是教学者的身法，他们都是经过了长时间的练习，骨壮筋柔，气血充盈，韧带伸展状态都很良好，自然身法可以大一些正一些。

新学员肢体动作舒展也是要根据自身状况，拉到自己能承受的范围。先拉开，拉开后，再求规矩，没有大开就没有相合。

有些需要躯干前俯后仰，左右侧身动作，也是一样要循序渐进地加大练习强度，不可一蹴而就。

前期练习动作要慢一点，柔一点，慢慢地拉开韧带、筋经，慢慢地找筋骨之间的配合，慢慢地找气血之间的配合，再慢慢地找筋骨与气血之间的配合。慢慢地把筋骨拉开，慢慢地把气血养壮。黄帝内经里面说道“少火壮气，壮火食气”，说的也是这个意思。慢慢让身体在一种微微发热的情况下进行太极拳的练习，是在培养我们的气血，如果用强力，身体在煎熬中练习太极拳就是消耗体内的气血。

太极拳一开始练习就是在养我们体内的气血，等到身法纯熟时，就可以加快一点速度练习。练习身体筋骨、气血的动作在相对较快的情况下各配合度以及反应能力，这样气血的流速就会加快，得到更高层次的提升。

筋骨与气血的配合阶段是在练习外形，当身形筋骨能合一并且开始形成太极拳的圆圈运动时，身法很自然就比较快起来。筋骨和气血也能合一，到这个时候我们就应该又慢下来，开始由外向内练习。就是气血推动筋骨进行运动，即内气催外形。传统太极拳练习外形导内气是入门，真正要练习的是内气催外形。

开始练习时要夯实基础，有一些初学者急于求成，或者认为教学者是在拖延时间。殊不知，没有基本功的扎实基础，根本无法做到传统太极拳的身法要求。有了基本功的扎实基础，就能准确地展现传统太极拳的基本身法，有了基本身法，那么就是事半功倍。如果没有扎实的基础，练习传统太极拳身法误差很大，很难将筋骨、气虚合一，如此想受益身心健康，应该是事倍功半。

有些时候，看似基本功学习得很慢，但有些人一上来就学了拳法套路，三个月一比较下来，练习基本功的人还在练习基本功，而学习套路的人套路却基本上学会了。而那些一上来就学拳法套路的，没有经过基本功的磨炼，身法误差就很大，甚至是一些错误的身法。有误差的身法，筋骨相合、气血相合的误差也就大，身心就很难合一，论起健康受益，收益甚微。

我们进行健康养生运动的目的是养生，而不是去学一套拳法，拳法只是一个工具或手段。即使学拳法的目的是参加比赛，那么没有标准的身法，获奖的几率也就很低了。

一般经过三个月基本功练习后，基本功已经建立，再练习拳法套路来，自然轻松得多，身法自然标准一些，误差也小一些。

而那些没有经历过基本功刻苦训练的，自身很难突破，久而久之如果养成一些习惯，改起来就难了。就好比我们写字一样，没有开始横撇竖捺的基本功练习，写出来的字总是歪歪扭扭的，想改都很难。我们要用长远的眼光看问题，不能只盯在眼前。

针对一些有疾患的学员，或是进行康复训练的学员，传统太极拳的练习更加需要特别指导。

要了解对方的病因病机，根据病因病机找出传统太极拳中适合的动作来进行针对性训练，也可以说是运动处方。先把身体养好，等肢体动作趋于正常化，再开始从基本功起进行系统的训练。

已经在其他地方学过的学员，并且有一定基础的，开始也要从基本功着手，这样就可以校正身法，以适应传统太极拳教学体系。

在前期基本功练习的过程中，前一年的坚持尤其重要。在这一年里，我们要丢掉身法上不合乎传统太极拳运动规律的动作习惯，要把身体上的僵力化掉，是需要一个持之以恒的毅力坚持下去，不可半途而废，也不可三天打鱼两天晒网。刚刚学会的动作，平日里没有抽空练习一下，就很难记住。忘记了就又重来，反反复复也是耽误时间。

传统太极拳的运动是有规律的，在经历过基本功的打造后，基本上就能大概知道手脚如何配合，一举手一投足时，就知道大概的方向和位置，练习起来轻车熟路。

从会到熟练，到融会贯通，传统太极拳练习的整个过程都是一个不断完善自我，缩小运动误差的过程，不能自满不能懈怠。

练习过程中传统太极拳的动作误差是始终存在的，并不是演练能拿到金奖或已经是大师级别了就没有动作误差。太极拳的标准要求没有止境，每一阶段的动作误差要求是不同的，误差是小而无间的。

在练习传统太极拳的过程中“循序渐进，步步为营”要牢牢记住，传统太极拳练习不是一日十层功，而是一日练一日功，一日不练百日空。

想练习传统太极拳一定要制定一个长期目标，要把太极的思维融入生活、工作的方方面面，太极生活，生活太极。

（二）

《素问·宝命全形论》说：“天复地载，万物悉备，莫贵于人。人以天地之气生，四时之法成。”

黄帝对天师岐伯说，天地之间，万物俱全，没有什么事比人更高贵的。人是由禀受天地阴阳二气而生，伴随着阴阳二气互动产生的春夏秋冬四季而不断成长的。

岐伯说“夫人生于地，悬命于天；天地合气，命之曰人。人能应四时者，天地为之父母；知万物者，谓之天子。天有阴阳，人有十二节。天有寒暑，人有虚实。能经天地阴阳之化者，不失四时。”人虽然生活在地上，但我们离不开天之日月，是天地之气相合才产生了人。人能适应并顺从四季的变化，天地就能成为生命动力的源泉。如果能知晓万物的生长变化，那就是天之子。天也是有阴和阳的，人体有手足十二节。天有寒冷和暑热，人有虚实。人的生长要效法天地阴阳的变化，不违背四季的规律。

天有好生之德，地有五气（水火木金土）流行，阴阳二气相合，产生了人。人生长在地上，自然要效法与地才能成长。地气寒、热、温、凉以类春、夏、秋、冬，春生、夏长、秋收、冬藏，是自然流行之道。适者生存，逆之则亡。人要和四季之气才得以生存，以四季之气颐养身心。

春、夏、秋、冬携寒、热、温、凉，伍之以“风、寒、暑、湿、燥火”六淫之气。

《素问·上古天真论》中说道：“中古之时，有至人者，淳德全道，和于阴阳，调于四时，去世离俗，积精全神，游行天地之间，视听八达之外，此盖益其寿命而强者也。亦归于真人。”《黄帝内经》把知晓养生之道的人分成四等，真人、至人、圣人、贤人。

真人是“寿敝天地，无有终始”之人，至人也可以归类到真人的境界。至人道德淳朴，符合天地阴阳的变化之道，适应四季的气候变迁，避开世俗，不断保养精气神，畅游于天地之间，这样就能强壮身体，延长寿命。

太极拳起源于中原地域，所处的地理位置四季分明，阴阳二气化为春温夏热秋凉冬寒。

阴阳是万物生长收藏的根本，是化生万物的始终，是生命的本源。顺应四季的变化规律就能保全性命，否则就会发生灾祸。

古时候的圣人明白顺应四时自然规律以养生续命的道理，所以常常修正自己的行为，以顺应规律。

天地为太极，人身亦为太极，拳曰太极，那么我们在练习太极拳的过程中也一样是要顺应四季的变化，来调整我们的训练方法，以减少四时气候变化对我们身体健康带来的消极影响。

《素问·四气调神大论》中说：“春三月，此谓发陈。天地俱生，万物以荣，夜卧早起，广步于庭，被发缓形，以使志生；生而勿杀，予而勿夺，赏而勿罚，此春气之应，养生之道也。”春季在五行属木，五脏属肝，五志为怒，五气为风，形体为筋，五官为目。人体经络以手少阳三焦经、手阳明大肠经、手太阳小肠经的循行为主。

立春时春气始生，阳气从地下上升，阴阳二气开始相感相交，冰雪融化，经过一秋一冬的收藏歇息储备了能量，开始推陈发新，大自然生气萌发，万物开始欣欣向荣。

经过一冬的蓄养，这个时候我们练习传统太极拳也要慢慢地开始催动体内的精气，动作幅度比冬天要大一些，步伐舒缓一些，衣服宽松一些，不要过于拘束于动作，比较随性地练习动作，慢慢地导引气血，让身体热起来，可以微微出一点点汗。开始第一遍练习的时候，不要拘泥于套路，舒展身体四肢，怎么舒服怎么练习，想练什么动作就练什么动作，可以是一整套动作，或是一节动作反复练，或是单个动作的重复都可以，把身体活动开，我们再缓缓的来练习整套动作。

上肢的动作可以反复多练习一些，特别是与肩同高向两侧开的动作，如单鞭、斜行、高探马，这些动作都可以对肝脏有一个拉伸的作用，同时对应春季的三条手臂上的经络也得到有效的针对性锻炼。

慢慢地把体内精气的生发之机调动起来，促进新一年新陈代谢的开始。微微的出汗，毛孔也慢慢打开，将腠理间浅表层的代谢垃圾排出。这个时候要注意防风，春季是一个以多风为主的季节。古人云：避风如避箭。风为百病的起因，要在没有风的地方进行练习。特别是出汗以后更加要避风，防止练功后风吹头颈及躯干，头部和颈部在春季是最容易受到风邪伤害的，还会伤及肝脏。

违背了春季的自然规律，体内的少阳生发之气就不能萌生，人的肝气就得不到宣泄、宣发，也得不到通达顺循。这就是在春季养生的规律。传统太极拳主要练习的是人的正气，阳气，这种舒缓的运动方式，再加上配合春季的自然规律，正好是启发、锻炼人的少阳之气，以应春生之道。

“夏三月，此谓蕃秀。天地气交，万物华实，夜卧早起，无厌于日，使志勿怒，使华英成秀，使气得泄，若所爱在外，此夏气之应，养长之道也。”

到了夏天，气候温度升高，人们不再感觉到寒冷，日常身着单衣。

夏季在五行属火，五脏属心，五志为喜，五气为暑，形体为脉，五官为舌。人体经络以手厥阴心包经、手少阴心经、手太阴肺经的循行为主。

在夏季时，天地阴阳之气相交最盛，万物茂盛，草木开花结果。不能常有愤怒的情绪，心情要愉悦。打开皮肤的腠理，让体内过多的阳气得以外泄。

夏天为老阳，一年之中，天地间阳气最盛的时候，也只有这个时候可以出出汗，当然也不是没有节制。相对春秋来说，多一倍的量是没有问题的。

这个时候练习太极拳可以尽管放开练。以两个小时的课时为例，春季练习老架一路两到三遍，每一遍需要间隔开练习。而夏季就可以加大运动量，可以一次就把老架一路练习两遍，练习完了再接着跑 500 米，间隔休息一会后再来两遍。这样可以加大体内气血循环和新陈代谢，同时把秋冬季时体内代谢的垃圾物质通过汗腺彻底地排出来，清理经络的通道。

拳法套路和器械套路轮番上阵，身法可以低一些，夏季气候温度高，体感温度也高，筋、韧带的柔韧性在最佳状态，是充分锻炼筋骨的最佳时节。

动作幅度可以大一些，速度快一些。多练习一些发力的动作，如掩手肱拳、青龙出水、指裆捶、当头炮、踢二起等，还有一些拉伸心经的动作如金鸡独立、倒卷肱等。

夏季练习时，特别是在室外一定要注意防暑热。夏季早起，上午 10 点以后就不要练习了，特别是三伏天的时候。

虽然这个季节不惧怕风邪，但在室内练习时不要对着电扇吹，更不要开空调。练习完了，多喝点热水，或少许淡盐水，让脏腑继续向外排泄代谢垃圾的同时补充点水分和能量。汗水多时勤擦拭，训练完后换内衣。

如果违反夏季的自然规律，促使万物繁荣的太阳之气就不能生发，人体的心气就虚弱，五脏六腑得不到有效的新陈代谢，脏腑的生命活力就会衰减。如果夏天不能很好地繁荣生长，那么秋天就没有什么可以收获的了。

“秋三月，此谓容平。天气以急，地气以明，早卧早起，与鸡俱兴，使志安宁，以缓秋刑，收敛神气，使秋气平，无外其志，使肺气清，此秋气之应，养收之道也。”

秋季在五行属金，五脏属肺，五志为悲，五气为燥，形体为皮毛，五官为鼻。人体经络以足少阳胆经、足阳明胃经、足太阳膀胱经的循行为主。

万物经过了夏季茂盛的生长，秋季就是万物成熟收获的季节。此时天地阴阳二气开始离别。天气转为清凉，空气干燥，昼夜温差大。肺脏十分娇嫩娇气，容易上火或受凉。

这个时候就要把夏季向外的情志收回来，精神内守，不急不躁。秋季的时候练习太极拳的强度就要开始收敛。不能一次两遍套路的练习，改为一次一遍套路练习。动作幅度逐渐回到正常状态，身法也有所回升，发力中度。

秋季时要多练一些腿部的动作，如金刚捣碓、左右擦脚、左右蹬一根、旋风腿、摆脚跌叉、双摆莲等。

秋季风燥且凉，出汗能迅速蒸发掉，气温下落，体感凉，此时和春季一样要避风养汗。深秋季练功时脱掉外套，练完后穿上外套，保持体温，防止被凉风所侵，等汗不再排出时，擦干汗水换干爽内衣。

练习传统太极拳时，身体从脏腑通过经络、腠理向外疏泄，毛孔大开，从内到外通透，那么从外到内也是通透的，加上身体的肌肉腠理都是放松舒展的状态，如感风邪就很容易进入体内深层。在温度适宜的室外可以穿件棉质短袖或长袖，保护皮肤、腠理大开时脏腑不受风邪。

有些人在练习太极拳时不注意，伤风受凉感冒，就认为太极拳不能强身健体，练习健康养生运动还会有感冒这么小的疾病。这不是太极拳不行，而是练习方法有问题，不能有效规避四季时节所产生的六淫之气对人身体的消极影响。

感受病邪要比保健养生容易得多、快得多。一位医术精湛的中医要想把一个人的身体状态调理到良好的健康状态通常要花费很多的精力和时间，而一位庸医通常一两副药就能把一个体格健壮的人击垮。

不能以为我们练了太极拳就可以“神功护体”，百毒不侵。养生文化从来不是某一项单一的活动，而是在生活中方方面面都要顾及到。例如夏天这边刚练完拳，一身汗热得不行，那边就过去对着空调的冷气猛吹，可能要比不练功时对身体的伤害更大。没有练功，体内的气血没有加速循环，热量不大，毛孔腠理不开，风邪很难进入。而练功时体内热量加大，毛孔大开正在往外排汗泄热，突遇冷风，马上大量的冷风顺着毛孔进入体内，毛孔又受凉收缩，内热排不出来，外寒又进入体内。再来瓶冰水解热、解渴，这样的一些不当行为都是导致我们生病的因素。

气为一身之主，人体内的后天之气中的清气是通过肺部进入的。如果病邪伤肺，清气供应就弱了，后天之气的合成能量就弱，会有气虚的现象出现。没有后天之气的供给，先天之气也得不到滋养。

“冬三月，此谓闭藏。水冰地坼，勿扰乎阳，早卧晚起，必待日光，使志若伏若匿，若有私意，若已有得，去寒就温，无泄皮肤，使气亟夺。此冬气之应，养藏之道也。”

冬季在五行属水，五脏属肾，五志为恐，五气为寒，形体为骨，五官为耳。人体经络以足厥阴肝经，足少阴肾经，足太阴脾经的循行为主。

春生夏长秋收，到冬天了就要好好地储藏一年所养所聚的精气。冬季阴阳离决，天气寒冷，水面结冰，地面封冻，气温严寒。要等到有日光时起来活动，避开寒冷的地方，保持身体的温暖。冬季时，运动量不宜过大，身体微微发热就行，尽量不要出汗宣泄而扰动阳卫之气。

冬季练拳以单招的练习为主，可以多站桩，多练缠丝功，把套路里平日觉得练习得不够标准的单招动作，反复琢磨，反复练习，还可以多练习推手。尽量动作幅度小一些，缓一些。练习的时候也可以脱掉外套，练到身体发热时就保持力度，不要出汗，或出汗即止，穿上外套，休息一会再来练习，推行间隔多次的练习方式，减少每次的练习时间。练习套路身法高一点，动作幅度小一些。一定要注意保暖，头颈部防风。冬季受凉后，一般腰背、四肢就会出现病患。

如果在冬季我们的精气没有收藏好，那么春季的生发之气就会弱，来年脏腑的生长发育、新陈代谢就不够旺盛。

《素问·四气调神大论》中说："故阴阳四时者，万物之终始也，死生之本也，逆之则灾害生，从之则苛疾不起，是谓得道。"我们要了解一年四季之间的天气变化，合理安排运动内容。顺应四季的变化我们就能从天地中汲取自然之能量，强身健体，延年益寿。

天地间四季的阴阳变化，是地球上万物生长消亡的根本，顺从这个规律人就没有什么疾病，违反这些规律那么灾害就期然而至。正所谓"从阴阳者生，逆之则死"。这也是我们健康养生运动体系里很重要的一部分理论。

在日常生活中我们要懂得以预防疾病为主的"治未病"思想，不要等到生病了才想到要改变我们日常生活中的一些不当行为、习惯。顺应四季不只是针对太极拳健康养生运动而言，更是涉及生活的饮食起居。

在教学过程中，总有人问起，一天之中什么时候练习最好？

根据现代人的生活习惯和观念，白天有空闲的时间就可以晚上九点钟以后就不要大幅度运动了。

太极拳是来自老百姓日常生活的一项健康养生运动，除了一些原则性的法则外，没有过多的规矩。也不能有过多的规矩，否则就难以适应我们生活状态的"自然"，很难坚持下去。

春夏秋季早上能看见自己掌纹的时间就可以起床练习了，冬天则是要等到太阳光照在大地上才合适开始运动。

有人说，古人不是提倡子时起练功吗？是的，那是古时之人。古人的作息和我们今天大有不同。古人日出而作，日落而息；今时之人，作息完全不同了。子时是指晚上的23点到凌晨1点钟，当今社会，大部分人子时可能才刚刚躺下休息，如又马上起床练功，不但无益，反而有害。

道法自然，也要法如今的生活作息之"自然"。

晚上九点钟后人体三焦经开始当今运行，三焦统领五脏六腑，气血精津。

《华佗·中藏经·论三焦》中说：

"三焦者，人之三元之气也，号曰中清之腑。总领五脏六腑，荣卫经络，内外左右上下之气也。三焦通，则内外左右上下皆通也。其于周身灌体，和内调外，荣左养右，导上宣下，莫大于此者也。"

手少阳三焦经在开始工作时，我们就不要进行大幅度运动，以免干扰三焦系统的正常传导、代谢工作。

气血白天工作了一天，也该休养生息了。

在室外练习时，风雨雪天气不练，空气污浊处不练。经常看到一些太极拳爱好者在公园里练习，风雨无阻，雨雪天在亭子下面练习，这些练习方法有些欠妥。风雨雪可在室内练习，没有室内场地条件，就练习桩功，缠丝功，套路单招。

建议每天练习时间保持在两个小时。有时间一次完成，没有时间可以上午下午。上午练练基本功，下午练练套路动作，晚上站站桩。

太极拳非一朝一夕之功，在于不间断的积累。

只有科学地练习传统太极拳，才能有效地受益身心的健康。

第六章　太极拳的高层境界

太极拳在一些武术文学作品及影视作品中，都被描写得高深莫测、至高至上，以至于被认定为最厉害的中国功夫。太极拳的高深其实不在其手眼身法步的武术招势，而是在其理论体系的玄奥以及高尚的武德修为。想真正地去认知太极拳或练好太极拳就必须从其理论体系着手，在心法上下功夫，仅从身法练习上下功夫，到了肢体动作的瓶颈阶段，将是无法突破的。

一、太极拳身心修炼

（一）

传统太极拳在今天是被大多数人认知为一项专属老年人的健康养生运动，这本身就是对传统太极拳的误读。传统太极拳不仅是中华优秀的传统武术项目，而且是中华文化慧命的组成部分。文以载道，武亦载道，更能演道，它不仅仅是拳、是武，更是文，是一种思想。

杨式太极拳宗师杨澄浦先生著《大小太极解》中说："天地为一大太极，人身为一小太极，人身为太极之体，不可不练太极之拳，本有之灵而重修之，良有以也。"

传统太极拳通过拳法套路、器械套路和推手对人的运动系统进行全面的协调和优化组合，来将身体的运动系统打造成一个完美的最佳状态。在这个状态下，肢体是最放松的，爆发出的力量是最大的，持续运动时间是最长的，消耗气血是最小的。这种运动系统完全符合人体结构的活动规律和生理运行机制，所以西方称中国的太极拳为"最完美的运动"。

传统太极拳强调意、气、形的紧密配合，融调神、调气、调形于一体，协调人体内部身心关系，讲求形神兼备、体用不二。

练身就是对身体姿势和动作在传统太极拳套路里面进行反复调整与磨合，使之符合导引行气的训练要求，强化筋骨气血，对生命能量进行储备和调节、整合及管理。形体不仅是生命的载体，也是气与神赖以存在的主体。形不正则气不顺，气不顺则意不平，意不平则心神散乱。人的意识可以通过太极拳内观自我的专注集中练习，以此来提高其生命活动的总体质量，强身健体、祛病延年。

传统太极拳作为一种刚柔并济的内家拳种，其运动特点是在拳法运行中的“以意行气，以气运身，意到气到，气到力到”，以至于被人们称之为意识体操。其拳法突出“修心、正形、积精、养气、存神”等极具个性的特点，与之相应的有“刚柔、中正、虚实、开合、快慢”等平衡运动方式。

与一般体育运动比较，传统太极拳讲究身心整体合一的自我协调，突出“向内求”的体悟修为，其因材施教和个体性自我修炼的教学模式大大有别于西式标准化、量化身体技能训练的流水线教育模式。

传统太极拳不但强调人体身心互动的有序状态与自身先天因素的相配合、协调，还全面吸收中医关于阴阳、经络、藏象、气血等理论，根据中医的阴阳五行和经络脏腑学说以及相应的道家养生学说，导引、服气、存思、养精等养生之术，并在中医的理论体系指导下进行锻炼筋骨、疏通经络、调和血气、蓄精敛神、平衡阴阳，开发人体自身潜能，建立起一整套“阴阳互根”“动静兼备”协调身心的健康养生运动。

传统太极拳练习时追求身心一体、内外兼修，内观自我、反求诸己的内向挖掘，同时还把后天学习的技术进行内化，将所有的理论都用肢体语言得到表达、实现，最后落脚于生命的自我完善与发展。

（二）

传统太极拳如果仅仅停留在基础层面的练习，练到了一定阶段后将无法继续超越和突破。这个时候必须要超越术的层面，进入到心性的修炼层面中。《中庸》开篇就说：“天命之谓性，率性之谓道”。

传统太极拳属于武术的范畴，武术在古代有两个来源：1. 原始社会中搏杀野兽；2. 部落之间的战争。一则是强身健体，二则是保卫家园。进入农耕文明后我们已经不需要狩猎解决温饱，练武术更多的是保家卫国，颐养性情。

古时社会结构之宗法制，家国同构，忠孝一体。

古之武者，尚武重义，精忠报国。正如一代武学宗师金庸先生所说“侠之大者，为国为民”，武术在很大程度上其精神就是爱国主义的表现。以天下国家为己任，以天下苍生为重，征战沙场，除暴安良。岳飞将军的“精忠报国”无疑是中华武术的终极目标。

在名族大义面前，我们中华民族英雄辈出，诸如卫青、霍去病、岳飞、文天祥、戚继光、郑成功、林则徐等。

文天祥在《正气歌》里写道："天地有正气，杂然赋流形。下则为河岳，上则为日星。于人曰浩然，沛乎塞苍冥"。

正是这种伟大的爱国精神，才激发起我们内心的浩然正气，孟子说这种浩然正气是至大至刚、充塞天地之气。正是因为有了这种无比高大的生命格局，我们自身的潜能才能最大程度地被激发出来。

这种爱国爱民的精神，武者在征战沙场杀敌之时，怀揣的是一颗对自己同胞的仁爱之心，可舍生取义，可杀身成仁，如此的高尚民族气节必定名垂千古。

以中国传统文化中儒家的道德论为精神内涵的中国武术素以崇尚"武德"为先，而中国古代的武德就是以儒的"仁""义"为主旨。中国人一直以来就以"止戈为武"来解释"武"这个字的含义。传统太极拳以修身养心为主，不主动攻击他人，即使面对攻击也是"后发先至"，避实击虚，不用硬碰硬伤害自身，伤害他人，始终保持心态的平和，仁字为心，义字体用。

在今日的武术运动修炼过程中，我们历经千锤百炼，打造出极为顽强的生命力和坚韧不舍、传承弘扬的精神，磨砺出我们勇往直前和担当的意志。

传统太极拳是对我们心性的磨炼。磨掉我们的乖戾之气，磨掉我们的焦躁之气，磨掉我们的傲慢之气，磨掉我们的贪婪之气，以至于达到真正的强。可以忍受不断重复套路动作的枯燥，每一招一势常年累月地练习、推敲、修正，精益求精，此正所谓"太极十年不出门"。

拳谚说："一日练一日功，一日不练百日空"，习拳时要秉承老一辈武术家锲而不舍的精神，年复一年，月复一月，日复一日坚持练习。练到老，学到老；学到老，练到老。

人身为太极之身，不可不练太极之拳。修身、齐家、治国、平天下，是需要太极圆融生生不息的智慧。安身立命、待人接物的无不需要智慧，而传统太极拳的圆融智慧，不偏、不倚、不争、不靠 ，顺任自然，舍己从人，保持中定，协调阴阳，刚柔相济，生生不息，顺应天地之道，周流于无穷。

太极思想形而下为术，平衡身心；形而上为道，统摄万物。

传统太极拳练习的基础层面，是协调自我的生理机能和肢体技能的身心训练活动。高级层面是提升自我的生命涵养以及生命的格局。先提升自我的身体生理状态，充分开发身体的潜能，壮气血，强筋骨，继而升华人的精神境界，"独与天地精神共往来"，这才是太极完整的生命体现。

二、太极拳的天人合一

（一）

华夏古代的圣贤仰观俯察，退而省思体悟，总结出一些重要的人文思想。在圣贤悟道的思想中，“天人合一”被视为中国古代早期儒家和道家共同见证的思想体系。

“天人合一”是中国古典哲学思想中的一个重要命题，也可以说是中华传统文化中的终极命题。

关于“天人合一”，众家解释纷纭，莫衷一是。季羡林先生曾说：“天人合一就是人与大自然要合一，要和平共处，不要讲征服与被征服。对天人合一观念需要小心翼翼地分析。在自然界中，天、地、人三者是相应的。”

“天人合一”或是来自华夏文明早期宗教信仰——祖先崇拜，天人合一思想萌发于人类的自然生存法则之中。

华夏文明发展到了春秋时期，一些思想家开始建立人文理性思想体系而逐渐摆脱宗教神性色彩，天在人民心目中的定义就有所不同。

无论是儒家的“天人合一”，还是道家的“天人合一”，都是以个人的道德修为为前提，以天人和谐为最高价值原则。

道家思想开创者老子在《道德经》第二十五章中说“人法地，地法天，天法道，道法自然”。道家的天人合一则表现为人与自然之道的和谐共处，以一种虚静的身心状态与天地共生。

《道德经》第三十九章说：“昔之得一者：天得一以清；地得一以宁；神得一以灵；谷得一以盈；万物得一以生，侯王得一以为天下正。”天、地、人都要得到这个“一”，才“以清”“以宁”“天下正”，而这个“一”就是太极。

道家思想的另一位代表人物庄子在《齐物论》篇说“天地与我并生，而万物与我为一”，这是天地万物合一。

先秦儒家圣人孔子之孙子思作《中庸》说：“诚者，天之道也；诚之者，人之道也。”古时的圣贤都能“不勉而中，不思而得，从容中道”，如若普通人能“择其善者而从之”，也可以达到“诚”的境界，诚是实践“天人合一”的贯通之道。

儒家释“儒”——合天人，通物我，徹幽明，贯古今。中国历史上第一部纪传体通史《史记》亦是“究天人之际，通古今之变，成一家之言。”到西汉时期，学者们依据先秦时期遗留下来的阴阳五行思想，在确立自然天道和政事人道之间时，汉儒董仲舒总结前人思想后，在其著作《春秋繁露》中说“天人之际，合而为一”，提出了“天人感应”的思想。

冯友兰先生在其《中国哲学史》中就将天释为五义。1. 物质之天，与地相对；2. 主宰之天，即所谓的荒田上帝，有人格的天；3. 运命之天，乃指人之外的一种无形的主宰力量；4. 自然之天，指自然之运行；5. 义理之天，乃指宇宙中的最高原理。

中医学则在天人合一的基础上衍生出“天人相应”的医学思想。《灵枢·岁露》中说：“人与天地相参也，与日月相应也。”

而《素问·六微旨大论》篇论述了在天道的规律中，天、地、万物之间的息息相应，阴阳二气在运动变化不息中相辅相成。《素问·六微旨大论》是中医学“五运六气”的理论组成部分，中医学把天干地支合五行六气用以判断该年中四季气候的变化与人体疾病的发生之间的关系，是一门非常科学的中医理论。

《素问·六微旨大论》说：“言天者求之本，言地者求之位，言人者求之气交。曰：何谓气交？曰：上下之位，气交之中，人之居也。”

求之本，本为天之六气——风、寒、暑、湿、燥、火；求之位，位指金、木、水、火、土。求之气交是指阴阳二气交感互通。天、地、人三者是太极一气二分，阴阳二气运动产生在不同维度的结果。

天道之用，无非是阴阳二气变化的动静、升降出入而已。

人与万物，生于天地气交之中，人从天之道则自然生长壮老，万物从天之道则生长收藏。人有知有义而贵于万物，人体呼吸精气的升、降、出、入，气统帅血的升、降、沉、浮与天之四时的寒、热、温、凉乃是息息相同、相通的。

养生首要的就是遵循天地间五运六气的运行规律。人与天地相应，与天地同息同化，就要按五运六气“顺天时，善天和”来养生。

《素问·五常政大论》说：“无代化，无违时，必养必和，待其来复，此之谓也。”大概意思是不要用人力来代替天地之间的变化，不要违背四季的运行规律，存养心神，静以待时，谨守正气，身形顺四时得到滋养以生长发育。这句话可谓是五运六气理论的养生思想大纲。五运六气的“顺时气，善天和”的养生理论，具有丰富性和实践性。

《灵枢·邪客》说：“黄帝问于伯高曰：愿闻人之肢节以应天地奈何？伯

高答曰：天圆地方，人头圆足方以应之。天有日月，人有两目；地有九州，人有九窍；天有风雨，人有喜怒；天有雷电，人有声音；天有四时，人有四肢；天有五音，人有五脏；天有六律，人有六腑；天有冬夏，人有寒热；天有十日，人有手十指；辰有十二，人有足十指，茎垂以应之，女子不足二节，以抱人形；天有阴阳，人有夫妻。”这是中医思想天人相应的合一。

天人合一思想指导下的儒、道、医、武各自发展之间又有着千丝万缕的联系。

（二）

天人合一是传统太极拳的最高境界。

武术运动是肢体语言的表达，从武术理论到身体力行，必始于知行合一，止于天人合一。

传统太极拳拳论秉承人体的小宇宙要合于天地大宇宙，遵循中国古典哲学思想“天人合一”的观念。恪守自然法则，顺应自然变化，遵循自然规律，达到与自然的和谐统一。

朱熹说：“太极是天地万物之理，在天地中则天地有太极，在万物中则万物有太极。”太极拳一动一静，一刚一柔，一虚一实。动静、刚柔、虚实皆暗涵太极之理。

《陈氏太极图说》中说：“天之能尽物，则谓之昊天；人之能尽民，则谓之圣人；万民与万物同，则圣人固不异乎昊天者矣。然则圣人与昊天为一道。”

天、地、人本源于一气。

天人合一在太极拳里最重要的体现也就是合于“气”，人生在天地之中，成长于阴阳二气气交之地，合则生，散则死。

而传统太极拳对于气的练习分为五个层次步骤：敬以生气、静以养气、净以存气、精以炼气、境以化气。

敬以生气。内心对天地、太极拳、创编太极拳的诸位祖师深深地抱有无比的敬畏之心，那么在练习动作时就会一丝不苟，严格按照拳论要求进行练习，在不断修正身法误差的过程中，内气自热产生、壮大。陈鑫在其著《太极拳经谱》中说“岂知我心，只守一敬”。

静以养气。心神安静，则精神内守，精气不散；身形安静，不躁动，不妄动，不过多消耗精气。在身心安静虚无的状态下，内气于练习过程中越发壮大，炼精化气。董仲舒说“君子闲欲止恶以平意，平意以静神，静神以养气，气多而治，则养生之大者得矣。”

净以存气。周身合一，动作干净，身形规矩、中正，无过不及，无拉扯之嫌，无拖拽之意。心无杂念，无欲无求，思想岿然不动，神不外视则气不外泄，内气自然能存养在丹田。

精以炼气。在前三层的基础上，反复练习，精益求精，正所谓：“拳打万遍，其理自现”。日复一日，炉火纯青，运动误差缩“小而无内”。内气充盈，脏腑壮实，经络通畅，骨正筋柔，则内气至大至刚。

境以化气。太极之境，无形无象，无声无臭，无欲无求，内孕阴阳。继而刚柔相摩，八卦相荡，“鼓之以雷霆，润之以风雨”。以道化术，成拳为医，身心合道，顺天地，应四时，吸风饮露，游行于天地之间，视听于八达之外，达至无人我之境。

这五个修炼层次，是身与心的修炼，身心合一、天人合一。

（三）

《道德经》第十六章说：“致虚极，守静笃，万物并作，吾以观其复。”保持心灵的虚寂达到极点，并坚守清静不变。道生万物，万物又循道一起蓬勃生长，道与万物合一。

传统太极拳将这样一种虚、静的无为思想注入身体动作之中修炼自身。练拳前首先要入静，做到心静体松，“上场时先洗心涤虑，去其妄念，平心静气，以待其动”。使人的身心处于宁静、舒展的状态，由虚、静达到一种自然而然的状态，从而进入一种天人合一的自由境界，这种自由是在规则里的自由，不是绝对的自由。

修炼自身，则心为太极，身心合一。宋代邵雍说：“心为太极，人心当如止水则定，定则静，静则明。”（《皇极经世·观物外篇》）其思想是太极为动静之根本，如果人心能如静止的水而没有纷扰汩杂，澄澈虚涵，那么太极之本便存在于心。

武禹襄在《太极拳解》中说：“身虽动，心贵静，气须敛，神宜舒。心为令，气为旗，神为主帅，身为驱使。”

李亦畬在《五字诀》首说“心”，再说“身”。其中说：“一曰心静，心不静则不专，一举手前后左右全无定向，故要心静。”

孟子说过“不得于心，无求于气”。心不妄动为静，心不妄动，气即不妄动，身亦不妄动。身不妄动，气自至大至刚，知言养气不动心。

传统太极拳首先炼的是“心”。如不能降服其心，就不能安定其气。心乱，气就乱，气乱心亦乱。关于“心静”的论述，在历代的太极拳理论中有很多，“心静”不仅是练好太极拳的基本要求，而且也是传统太极拳的基本特点。传统太极拳的许多积极的医疗价值都和“心静”有直接关系。

在心静与动作的轻柔缓慢中，知行合一，身心合一，在这种长期动态的身心合一练习中，才可能体会到“气”的感觉，才可能使身心焕然一新，达到健康的目的。唐代养生大家，被尊为药王的孙思邈在《千金备急要方》里，提道：“养性之道，常欲小劳，但莫大疲及强所不能堪耳！且流水不腐，户枢不蠹，以其运动故也。”

传统太极拳正是心静与“小劳”完美结合的经典。

人的生命都拥有自我更新能力。现代很多人忽略了生命的基本规律，一旦出现亚健康状况，或者出现各种疾病，就忽略自我更新，过度向外求援。借助外力来达到健康的目的，殊不知，外力只是一种被动的力量，久而久之，自身的脏腑系统就会产生惰性，依赖外力的干预，自身的正气就越来越弱。

这一层是传统太极拳为法身形之体、行拳招熟知己的小成阶段。

传统太极拳即是在身体各部分的和谐的基础上达到身心的和谐，心平气和的接纳自我，给生命的自我修复提供一个身心一体、知行合一的环境。

自身合一进一步就是人我合一。从传统太极拳的发展历史来看，当一种技击的拳术与导引吐纳相结合时，人们已并非将克敌制胜作为唯一目标了，对生命的珍惜已融入这种运动之中。

传统太极拳首先是修复自身，自身强壮，方可御外。这种对生命的珍视即是善，是人我和谐的基础，也是颐养生命之道。孙思邈《千金要方》：“性既自善，内外百病皆悉不生，祸乱灾害亦无由作。此养性之大经也……有智之人、爱惜性命者，当自思念，深生耻愧，诫勒身心，常修善事也。”

太极推手也是在这种思想指导下产生的。

人我合一的原则是在立身中正的情况下不偏不倚，无过不及，舍己从人，随曲就伸。王宗岳《太极拳论》说：“无过不及，随屈就伸，人刚我柔谓之走，我顺人背谓之粘，动急则急应，动缓则缓随”。太极推手不仅是实战技击的前提，拳法的校正，也是一种良好的气血内壮的锻炼方法，是中国独特的古代双人舞。太极推手不仅可培养身体灵敏和反应，而且提供了一种培养人舍己从人、随曲就伸的运动方法，不抗不顶，从行为训练循序渐进落实到心理上。

这一层为法身德之体、意气懂劲的知人中成阶段。

立身中正是太极拳习练的基本原则。立身中正，每一块的筋骨相合都是最自然的，最巧妙的结构组合。

中正也是做人养心的原则。“中”是行为准则，不偏即是中。守中就是无过不及，情绪、行为都要守中。

《中庸》：“喜怒哀乐之未发，谓之中；发而皆中节，谓之和。中也者，天下之大本也；和也者，天下之达道也。致中和，天地位焉，万物育焉。”“中”的本身并非喜怒哀乐，而是指对喜怒哀乐的持中状态。喜怒哀乐是人的情感，情感的表达恰到好处就是正，而无所乖戾就是和。

和，是指平衡、稳定、和谐、一统，是不过度，发而皆中节就是指符合事物的客观规律而行止有道有节。朱熹注释说：“喜怒哀乐，情也；其未发，则性也。无所偏倚，故谓中。”性即本性，本来的状态。对喜怒哀乐能按应有状态掌握，无所偏倚，这就叫“中和”。“中和”“中庸”“和谐”都是达到整体平衡的重要方法。

中和是修身之大道。

太极拳，阴阳之道，平衡之术，炼气而已。

吴志清《太极正宗》一书中附录的《孙禄堂先生太极拳学论》中说：“运阴阳，即太极一气也。太极即一气，一气即太极。以体言则为太极，以用言则为一气。”就太极拳而论，“气”是指所谓“内气”，或称之为经络、脏腑之气，在动作变化的过程中要通过呼吸使“气”沿着经络的通道间顺畅地流动，而不使其阻滞。

《清代杨氏传抄老谱》：“气走于膜、络、筋、脉”“盖太极练功，沉肩坠肘，气沉丹田。气能入丹田、为气总机关，由此分运四体百骸，以气周流全身，气到意至”，同样反映了太极内动的思想。

陈鑫作太极拳歌诀说“唯有五阴并五阳，阴阳不偏称妙手，妙手一运一太极，太极一运化乌有”。

天之阴阳为二气，地之阴阳为柔刚二质，人之阴阳为仁义二德。“一阴一阳之谓道，继之者善也，成之者性也。”传统太极拳秉阴阳、柔刚、仁义之道，以阴阳二气为指导修身养心、刚柔成拳、仁义为性，天地人合一为太极拳“三才”之道。

这一层为法身道之体、神明知天地的大成阶段。

著熟、懂劲、神明；知己、知人、知天地。

（四）

天地阴阳之道，太极拳阴阳之道。阴阳之道，中正和合，二气交感、平衡则万物生长。太极的武术境界必然和人的价值观相合，与“天地合其德，与日月合齐明，与四时合其序，与鬼神合其吉凶”。“天地之大德曰生”，太极拳合天地之德，颐养性命；太极修身炼心，打造健康的体魄，构建高尚的道德榜样；凡事皆有规则，凡规则皆有法度，太极拳屈伸往来，无过不及，“君子藏器于身，待时而动”，顺时顺势而为；敬天爱人，趋吉避凶，太极生阴阳，阴阳变四象，四象化八卦，“八卦定吉凶，吉凶成大业”。

《周易》说“天行健，君子以自强不息”“地势坤，君子以厚德载物”，效法于天的健行不止，不断地修炼自身，不断地追求更高的境界。坤为地，顺承、宽厚、仁爱，容载人与万物，长养万物。“自强不息”“厚德载物”是中华民族效天法地、道法自然的重要精神特质，而太极无止境，修炼不息，更要依照圣贤的德行不停地探索和进取。

主要参考文献

《陈氏太极图说》陈鑫著，山西科学技术出版社 2006 年。
《老子道德经注校译》楼宇烈著，中华书局 2012 年。
《庄子》方勇译注，中华书局 2015 年。
《黄帝内经》姚春鹏译注，中华书局 2017 年。
《类经》张介宾著，中医古籍出版社 2016 年。
《难经》扁鹊著，中国医药科技出版社 2018 年。
《针灸大成校释》杨继洲著，人民卫生出版社 2016 年。
《四书章句集注》朱熹著，中华书局 2016 年。
《周易译注》黄寿祺张善文著，中华书局 2016 年。
《陈式太极拳》顾留馨著，人民体育出版社 1998 年。
《世传陈式太极拳》陈小旺著，人民体育出版社 2009 年。
《中医基础理论》郑洪新主编，中国中医药出版社 2016 年。
《人体解剖学与组织胚胎学》建清等编，人民卫生出版社 2018 年。
《人体发育学》李晓捷主审，人民卫生出版社 2019 年。
《基础神经科学教程》薛一雪主编，科学出版社 2018 年。
《经络腧穴学》沈雪勇主编，中国中医药出版社 2016 年。
《中医学》河北医学院主编，人民卫生出版社 1980 年。
《黄庭经集释》梁丘子等著，中央编译出版社 2015 年。

跋

从爱好到专业，我与传统太极拳朝夕相伴了十五年有余。自 2016 年到武汉传播传统太极拳文化以来，教学相长，感受颇丰，在课间和研读文献、教参之余也做了一些零零散散教学笔记的累积。

在武大的这几年，既站在讲堂上为学生们讲授传统太极拳与健康之间的关系和拳法套路，同时又坐在课堂上倾听武大各位名师的讲授，这段时光是我人生收获最大的时候，也是我重新定义人生的转折点。

我们总是说传统太极拳博大精深，但是这个概念有点泛，也比较抽象，不容易去具体理解。在教学中，我被问到最多的问题就是什么是太极拳。为了解决这个问题我费尽周折，阅读了大量武学前辈们的著作以及中国传统文化思想体系的一些文献，诸如四书，庄老，朱子等，再兼涉医学，这才大概沾了点传统太极拳的道儿。用我个人的理解同各方面的专家、教授进行探讨，最后梳理总结出来一个传统太极拳的结构体系——文、武、医、道。这个体系架构虽然新颖，也算是经过了多方面的验证，目前来说，还是能解决教学中遇到的诸多问题。

社会总是在不断总结、不断进步，传统武术也同样需要与时俱进，要用现代科学的理念来揭示我们曾经认为很神秘的传统太极拳，也需要应用现代科学技术来完善传统太极拳的理论和教学、传播，以适应现代人的需求。

庚子年伊始，新型冠状病毒席卷全国，乃至全球，初期感染和死亡病例以老者、基础病患者居多，皆因体弱免疫力低下。纵观这几年在武汉的传统武术与健康的传播总结以及后期对我所能掌握到的武汉练习太极拳拳友们的调查来看，大家平日对健康的认知还是偏弱，养生运动在日常工作和生活中占的比例很小很小，大家都在忙这忙那，忽略了生命健康的重要性。相信这一次事件后，大家对生命健康会有新的定义。

第一次把自己的心得编著成稿出版，得到了大家的鼓励和帮助，尤其是责编们不厌其烦地帮我指正修改。感谢领我进入陈氏太极拳体系的谷成群老师和陈氏家族的授学恩师们：师爷陈小旺老师，陈军老师、陈炳老师、陈自强老师，还有师父许文州老师以及武汉大学国学院孙劲松老师、文学院吴天明老师、体育部蔺志华老师，师姑张桂秋女士；感谢黄杰先生及樊小伟女士在发行上的大力协助。还有我可爱的诸多学员和弟子们：付磊、地质大学石斌教授、武汉大学张莲梅教授、武大钟晟博士、喻刚先生、张健先生、陈可为小同学，等等，正是他们的鞭策和支持，我才有了勇气和动力将这几年的心得整理编写出来。

传统太极拳体系过于庞大，末学能力有限，书中定会有一些纰漏或表达错误，恳请大家批评指正。

黄克刚

庚子年春于藕塘村